DIESES BUCH GEHÖRT:

5 4 3 2 1 27 26 25 24 23
ISBN 978-3-649-64343-2
© 2023 Coppenrath Verlag GmbH & Co. KG,
Hafenweg 30, 48155 Münster, Germany
CH: Baumgartner Bücher AG, Centralweg 16,
8910 Affoltern a. A.
Alle Rechte vorbehalten, auch auszugsweise
Satz: Alexander Nuißl
Illustrationen: www.shutterstock.com

www. coppenrath.de

Heide Witzka (Hrsg.)

DAS GROßE BUCH DER
MEGA
SCHÜLER
WITZE

COPPENRATH

INHALT

DIE BESTEN LEHRERWITZE

Der Lehrer erklärt: „Wörter, die mit der Silbe ‚un-'
anfangen, bedeuten meist etwas Schlechtes. Kennt
ihr Beispiele?"
„Unsinn", sagt Hannah.
„Unwetter", ruft Lukas.
„Unterricht", seufzt Tim.

„Hör mal, Greta! Kannst du mir erklären, wie
auf eine einzige Seite deiner Hausaufgaben
28 Fehler kommen konnten?"
„Das kann ich mir auch nicht erklären. Der
Schulranzen war jedenfalls die ganze Nacht
über verschlossen in meinem Zimmer."

Neulich im Lehrerzimmer: „Ist das nicht verrückt?
Sie heißen Klein und sind ganz groß."
„So verrückt ist das doch gar nicht. Sie heißen
Weber und sind ein Spinner!"

Die Frau des Schulleiters beschwert sich:
„Unser Nachbar gibt seiner Frau immer ein
Küsschen, bevor er fährt. Warum tust du das
nicht auch?"
„Ich kenne die Frau doch gar nicht ..."

Weckt die Mutter ihren Sohn: „Steh auf, mein Junge, du musst zur Schule!"
Sohn: „Muss ich das wirklich, Mutti?"
Mutter: „Aber ja, du weißt doch: Alle Lehrer müssen das!"

Bei einem Klassenausflug aufs Land kommt der Lehrer mit einem Schäfer ins Gespräch:
„Wie viele Schafe haben Sie ungefähr?"
Schäfer: „Genau 5378 Tiere."
Lehrer: „Donnerwetter! Woher wissen Sie das so genau? Haben Sie einen Trick beim Zählen?"
Schäfer: „Ja, ich zähle die Beine und teile dann durch vier."

Die neue Referendarin legt ihren Hut auf den Tisch und fordert die Kinder auf, ihn zu beschreiben. Nach einiger Zeit meldet sich ein Mädchen und fragt: „Schreibt man ‚scheußlich' mit ‚eu' oder mit ‚äu'?"

In der Schule erklärt die Lehrerin gerade ihren Schülern: „Alle Fragewörter fangen mit dem Buchstaben W an."
Daraufhin Lasse aus der letzten Reihe:
„Ach ja?"

Der Lehrer schaut sich die Aufsätze an, wirft einen Blick auf Leon und fragt erstaunt: „Was soll denn der Hinweis unter deinem Aufsatz ‚Copyright Leon Huber! Alle Rechte vorbehalten, einschließlich Verfilmung und Übersetzung'?"

Ein Junge ist umgezogen und kommt in eine neue Klasse. Nach der Begrüßung sagt die Leherin zu ihm: „Da wir gerade Deutschunterricht haben, sagst du bitte deinen Namen und zu jedem Buchstaben ein Wort, das damit anfängt."
Darauf der Junge: „Ich heiße FELIX: F wie Fogelkäfig, E wie Ehlheizung, L wie Lektrischs Licht, I wie ibermorgen und X wie Xangsverein!"

Olli hat im Diktat das Wort ‚Löwe' kleingeschrieben. „Ich habe dir doch schon so oft gesagt, dass man alles großschreibt, was man anfassen kann", sagt die Lehrerin.
„Glauben Sie etwa, dass ich einen Löwen anfasse?"

Die Lehrerin sagt: „Wer mir einen Satz bildet, in dem ‚Samen' und ‚säen' vorkommen, der darf sofort nach Hause gehen."
Karlchen meldet sich: „Guten Tag zusamen, morgen säen wir uns wieder."

Das Aufsatzthema lautet ‚Was tue ich, wenn ich reich werde'.
Alle Kinder schreiben eifrig ganze Seiten voll, nur Anne gibt ein leeres Blatt ab. Der Lehrer fragt: „Anne, da steht ja gar nichts drauf. Was soll denn das?"
Da grinst Anne: „Na, wenn ich mal reich werde, schreibe ich garantiert keine Aufsätze mehr."

Die Lehrerin ist genervt: „Und nun erkläre mir mal, Maxi, warum du den Aufsatz ‚Ein Tag bei uns zu Hause' nicht geschrieben hast!"
„Weil meine Mutter meinte, unsere Familienangelegenheiten gehen Sie nichts an, Frau Lehrerin!"

In der Lehrerkonferenz: „Das Problem ist", sagt der Direktor, „dass die Schüler sich nicht mehr konzentrieren können. Ich frage Sie, was werden wir dagegen tun?"
„Wogegen?"

Ein Lehrer steht mit seiner dritten Klasse am Bahnsteig und lässt einen Zug nach dem anderen durchfahren. „Den nächsten nehmen wir — auch wenn wieder nur 1. und 2. Klasse draufsteht."

Eine Busfahrt in einem überfüllten Bus. Ein Mädchen bietet dem Lehrer Fitzke ihren Sitzplatz an.
Lehrer: „Oh, danke. Wie heißt du denn?"
Schülerin: „Franziska Fitzke, Papa."

Lehrer: „Meine Schüler gehorchen mir aufs Wort."
Anderer Lehrer: „Das habe ich bis heute noch nicht geschafft. Wie machst du das bloß?"
Lehrer: „Ganz einfach! Wenn ich morgens reinkomme sage ich: ‚Macht doch, was ihr wollt.' Und genau das machen sie dann."

Warum spielen Lehrer nie verstecken?
Weil sie keiner suchen würde.

Ein Schüler geht unvorbereitet in die Klassenarbeit.
Vor Abgabe des Aufsatzes kritzelt er noch den Satz
„Gott weiß alles, ich weiß nichts." auf das leere
Blatt.
Auf seiner korrigierten Arbeit steht: „Gott: sehr gut
(1), du: ungenügend (6)".

Lehrer: „Hat jemand meinen Bleistift
gesehen?"
Schüler: „Der steckt hinter Ihrem Ohr."
Lehrer: „Hör mal, mein Junge, ich habe keine
Zeit zum Suchen. Hinter welchem Ohr?"

„Emma, wie kommt denn dieser riesige Klecks in dein Heft?", fragt die Lehrerin. „Das ganze Heft ist ja verdorben!"
Daraufhin gesteht Emma: „Sie haben für jeden Klecks eine Seite Strafarbeit angedroht, da habe ich dann aus vier Klecksen einen gemacht."

Lehrer: „Paul! Ich werde jetzt einen Satz in der Einzahl bilden, und du bildest ihn in die Mehrzahl um. Also: Mein Bruder ist ganz klein."
Schüler: „Die Mehrzahl ist: Meine Brüder essen Gänseklein."

Der Lehrer gibt die Aufsätze zurück. „Lisa, du musst deinen Aufsatz noch einmal schreiben, und zwar so, dass es auch ein Dummer versteht."
„Gut, Herr Lehrer! Aber können Sie mir vorher vielleicht sagen, welche Absätze Sie nicht verstehen?"

Lehrerin: „Mit der Rechtschreibung stehst du aber wirklich auf Kriegsfuß, Liv. Du könntest ruhig mal im Wörterbuch nachschlagen, wenn du unsicher bist."
Liv: „Aber ich bin nie unsicher."

Leo im Deutschunterricht: „Oh, eine Woge!"
Die Lehrerin korrigiert: „Nein, das ist eine
Waage."
„Ich werde mich nun waagen."
„Nein, das heißt wiegen."
„Jetzt habe ich mich gewiegt."
„Nein, man sagt gewogen."
„Also doch eine Woge!"

Schulsekretärin: „Wir haben einfach keinen Platz
mehr in den Büros. Sollen wir nicht die uralten
Zeugnisse und Akten vernichten? Da sind ja noch
Unterlagen von 1910 dabei."
Direktor: „Gute Idee, aber machen Sie vorher von
allem eine Kopie."

Im Deutschunterricht. „Was ist das für ein Fall,
wenn ich sage: ,Die Schule macht mir Spaß'?,
will der Lehrer wissen.
„Das ist ein Ausnahmefall!", meint ein Schüler.

Neulich in Bayern.
Lehrer: „Guten Tag, wir machen gerade einen Schul-
ausflug, und ich möchte gerne wissen, wie dieser
Berg dort hinten heißt?"
Bergbauer: „Woas for oana?"
Lehrer: „Ah, besten Dank!"

Lehrer: „Nenne mir einige Tiere."
Schüler: „Pferdchen, Schweinchen, Eselchen ..."
Lehrer: „Lass bitte das ‚-chen' weg!"
Schüler: „Das Eichhörn, das Kanin, das ..."

Gespräch zwischen zwei Lehrern: „Unser neuer
Schüler Julius scheint sehr fleißig zu sein!"
„Ja, das ist wirklich seine Stärke."
„Der Fleiß?"
„Nein, der Schein!"

Was macht ein Lehrer im Winter?
Unterrichten.

Fragt Lieselotte die Lehrerin: „Kann man
eigentlich bestraft werden, wenn man nichts
gemacht hat?"
„Natürlich nicht!", lächelt diese.
„Prima", meint Lieselotte vergnügt, „ich hab
nämlich meine Hausaufgaben nicht gemacht!"

Der Mathelehrer ist völlig verzweifelt:
„Diese Klasse ist so schlecht, dass ich eigentlich
60 Prozent durchfallen lassen müsste!"
Da lacht jemand aus der letzten Bank:
„Haha 60 Prozent, so viele sind wir gar nicht!"

Was lernen wir daraus, wenn sich Sportlehrer
Schweißfuß ans Fußballtor anlehnt und der Tor-
pfosten daraufhin umfällt?
Der Klügere gibt nach.

Musiklehrerin: „Und jetzt flöte ich euch mein
Lieblingslied ‚Am Brunnen vor dem Tore' vor."
Schüler aus dem Hintergrund: „Gute Idee, hier
drinnen hört Ihnen sowieso keiner mehr zu."

Lehrer: „Was ist dein Vater?"
Schüler: „Alles, was auf den Tisch kommt."

Fragt die Lehrerin in der ersten Klasse: „Wem gehört diese blaue Mütze?"
Anabell meldet sich und sagt: „Die sieht aus wie meine. Aber die kann es nicht sein, die habe ich nämlich verloren!"

Nico kommt zu spät zur Schule und sagt: „Entschuldigung, Frau Müller, mein Pferd hat auf halber Strecke schlappgemacht."
Auch Anna kommt zu spät und sagt: „Entschuldigung, Frau Müller, mein Pferd hat auf halber Strecke schlappgemacht."
Als Letzte kommt Aylin. Da schnauzt Frau Müller sie an: „Lass mich raten: Dein Pferd hat auf halber Strecke schlappgemacht?"
Aylin antwortet: „Nein, aber mein Vater musste einen Umweg fahren, weil zwei Pferde auf halber Strecke schlappgemacht hatten!"

Der Lehrer sagt zu seiner Klasse: „Ich werde euch jetzt jeden Montagmorgen eine Frage stellen, und wer sie richtig beantwortet, hat den ganzen Tag frei."

Am nächsten Montag fragt er: „Wie viel Liter Wasser hat das Mittelmeer?"

Niemand weiß es. In der nächsten Woche stellt er folgende Frage: „Wie viele Sandkörner hat die Sahara?"

Wieder weiß es niemand.

Am nächsten Montag legt Lotti eine Ein-Euro-Münze auf das Lehrerpult. Als der Lehrer hereinkommt und es sieht, fragt er: „Wem gehört das Geldstück?"

Lotti steht auf, nimmt dem Lehrer das Geld aus der Hand, geht zur Tür und sagt: „Mir! Tschüs, bis morgen!"

„Ich bin hier der Einzige, der arbeitet", schimpft der Lehrer vor der Klasse.

„Stimmt!", sagt ein Schüler. „Sie sind aber ja auch der Einzige, der hier Geld dafür bekommt!"

Der Sportlehrer befiehlt der Klasse: „Alle ordentlich aufstellen! Und zwar der Größe nach in alphabetischer Reihenfolge!"

„Herr Lehrer, diese Schlaflosigkeit macht mich fertig! Heute Nacht bin ich zwölf Mal aufgewacht und konnte kein einziges Mal wieder einschlafen."

Der Sportlehrer sagt zu seiner Klasse: „Heute machen wir Dehnübungen."
Sagt Lotta oberschlau: „Herr Lehrer, das heißt DIE Übungen!"

Sagt die Lehrerin: „Alexander! Deine Eltern haben mich gestern besucht. Sie haben sich sehr über dich beklagt. Wegen dir haben sie schlaflose Nächte!"
„Tut mir leid!", sagt Alexander. „Davon weiß ich nichts. Ich bin ja nachts meistens unterwegs."

Können Lehrer schwimmen?
Einerseits ja, denn sie sind hohl.
Andererseits nein, denn sie sind nicht ganz
dicht.

ELTERN – DA GIBT ES VIEL ZU LACHEN ...

Nachdenklich betrachtet der Lehrer den Aufsatz von Tim.
„Das sieht aus wie die Handschrift deines Vaters!"
Tim zuckt die Achseln. „Kann gut sein. Ich hab mir nämlich seinen Füller geliehen."

„Wird bei euch zu Hause gebetet?", möchte der Religionslehrer von David wissen.
Dieser antwortet: „Nur im Herbst, wenn Papa mal wieder Pilze gesammelt hat."

Zwei Lehrer unterhalten sich über ihre Kinder. „Was macht eigentlich deine Tochter?", will der eine wissen.
„Im Augenblick ist sie in der Fledermaus-Phase."
„Und was bedeutet das?"
„Nachts flattert sie durch die Gegend und tagsüber hängt sie rum!"

Zwei Frauen unterhalten sich. „Stimmt es, dass dein neuer Freund Lehrer ist?"
„Ja. Aber ich werde mich wohl bald wieder von ihm trennen. Immer wenn ich zu spät zu einer Verabredung komme, muss ich eine schriftliche Entschuldigung meiner Eltern vorzeigen!"

Schülerin: „Unser Kunstlehrer ist vielleicht doof.
Der weiß nicht einmal, wie ein Pferd aussieht."
Mutter: „Übertreibst du da nicht ein wenig?"
Schülerin: „Nein, bestimmt nicht! Gestern im Kunst-
unterricht habe ich ein Pferd gemalt, und da hat er
mich gefragt, was das sein soll."

„Na, wie hat dir mein Kuchen geschmeckt?",
fragt Oma ihren kleinen Enkel.
„Den habe ich der Lehrerin geschenkt",
antwortet er. Ob sie denn auch den Kuchen
gelobt hätte, will Oma wissen. „Weiß ich nicht.
Seitdem ist sie krank."

Max kommt aus der Schule: „Mutti, der Lehrer woll-
te heute wissen, ob ich noch Geschwister habe."
„Du hast ihm doch gesagt, dass du Einzelkind bist?"
„Selbstverständlich."
„Und was hat der Lehrer dazu gesagt?"
„Gott sei Dank!"

Hassan kommt jammernd zu seiner Mutter:
„Mama, ich habe Magenschmerzen."
„Das kommt daher, dass du nichts im Magen
hast."
Sagt Hassen: „Ah, dann weiß ich jetzt, warum
der Lehrer immer Kopfschmerzen hat."

Die kleine Tochter: „Mama, morgen haben wir schulfrei!"
Die Mutter: „Hat das der Lehrer gesagt?"
Die Tochter: „Ja!"
Die Mutter: „Was sagte er denn genau?"
Die Tochter: „Er sagte nur: ‚Schluss für heute, morgen fahre ich fort!'"

„Und, wie viele Rechenaufgaben hatte eure Klassenarbeit?", fragt der Vater seinen Sohn.
„15. Und ich hatte nur eine falsch!", antwortet der Sohn.
„Das ist ja toll!", lobt der Vater. „Und was ist mit den anderen Aufgaben?"
„Dafür hat die Zeit leider nicht gereicht."

Das Telefon klingelt.
Katharina: „Papi, es ist Linas Vater. Er lässt fragen, wann du mit meinen Hausaufgaben fertig bist. Er möchte sie dann abschreiben."

„Ihr Sohn ist der Schwächste in der Klasse", sagt die Lehrerin zu Herrn Birnbaum.
„Das verstehe ich nicht!", wundert sich der Vater. „Letztes Mal haben Sie noch gesagt, dass er alle Kinder haut."

Milas Vater trifft den Lehrer und fragt ihn: „Warum haben Sie denn meine Tochter heute aus der Schule heimgeschickt?"
Der Lehrer antwortet: „Sie sagte mir, dass ihr Bruder Masern hätte."
„Ja, das ist richtig", meint der Vater. „Aber er lebt doch bei meiner Frau in Kanada."

„Schrecklich, wie die Kinder nach der Klassenfahrt immer aussehen", sagt die eine Mutter zur anderen. „Letztes Jahr musste ich die halbe Klasse waschen, bis ich meinen Sohn gefunden habe."

Brief des Lehrers an die Eltern: „Ihr Sohn schwatzt im Unterricht zu viel. Bitte mit Unterschrift zurück." Antwort des Vaters: „Sie sollten erst mal seine Mutter hören. Gezeichnet: Huber."

„Und, mein Sohn, wer ist in deiner Klasse der Beste?"
„Keiner."
„Wie – keiner?"
„Unser Lehrer sagt immer, bei uns ist einer dämlicher als der andere."

Sophie kommt zum Geigenunterricht, klappt ihren Geigenkasten auf und sieht, dass darin eine große Maschinenpistole liegt.
„Wie blöd", sagt Sophie zu ihrer Geigenlehrerin, „jetzt steht Papa mit meiner Geige in der Bank!"

„Wie ist denn das möglich? Über zwanzig Fehler in deinem Aufsatz!", tobt der Vater ins Kinderzimmer.
Darauf Jakob: „Das liegt an unserem Lehrer, der sucht direkt danach."

„Gehst du gern zur Schule?", wird Karlchen von der Oma gefragt.
„Ich geh gern hin und auch gern wieder weg. Die Zeit dazwischen gefällt mir aber weniger ..."

„Übrigens: Dein Freund Jesse hat die Windpocken und kann morgen nicht mit dir in die Schule gehen", berichtet die Mutter.
„Oh, prima", begeistert sich Jonas, „darf ich ihn gleich besuchen?"

Herr Hurtig erkundigt sich beim Lehrer nach seinem Sohn Henry.
„Er macht oft einen recht verschlafenen Eindruck", gibt der Lehrer Auskunft.
Darauf Herr Hurtig stolz: „Das sind sicher die Talente, die noch in ihm schlummern und erst geweckt werden müssen."

Fritzchen kommt nach Hause und jubelt:
„Papa, wir haben hitzefrei!"
„Lüg doch nicht, Fritzchen!", schimpft der
Vater. „Es ist Winter und bitterkalt!"
„Oh doch!", gibt Fritzchen strahlend bekannt.
„Die Schule brennt!"

Der Vater fragt seine Tochter nach dem ersten
Schultag: „Und, habt ihr schon etwas gelernt?"
„Ja, aber anscheinend nicht genug. Morgen muss
ich schon wieder hin."

Der Vater ist böse und fragt: „Hast du deinen
Lehrer etwa einen Idioten genannt?"
Der Sohn antwortet: „Ja, aber er hat mich
provoziert!"
„Wieso? Was hat er denn gesagt?"
Da sagt der Sohn: „Er hat gefragt, wofür ich
ihn halte."

Als Christian nach Hause kommt, erwartet ihn sein
Vater schon verärgert: „Deine Lehrerin hat angeru-
fen und sich schon wieder über dich beschwert!"
Meint Christian: „Das kann nicht sein. Heute bin ich
doch gar nicht da gewesen!"

Die Mutter erfährt, dass ihr Sohn beim Nachsitzen war, und fragt ihn: „Warum hast du mir erzählt, dass du zu Mika gehst?"
Der Sohn antwortet wahrheitsgemäß: „Der war auch dort!"

Piet soll einen Aufsatz über seine Familie und deren Abstammung schreiben. „Mami", fragt er, „wo komme ich her?"
„Der Storch hat dich gebracht."
„Und wo kommst du her?"
„Mich hat auch der Storch gebracht."
„Und Oma?"
„Die hat auch der Storch gebracht."
Daraufhin beginnt Piet seinen Aufsatz folgendermaßen: „In unserer Familie hat es seit drei Generationen keine natürlichen Geburten mehr gegeben."

„Stell dir vor, Mama, gestern hat unser Lehrer den Paul nach Hause geschickt, weil er sich nicht gewaschen hat."
„Und, hat das was gebracht?", will diese wissen.
„Und wie! Heute hatten sich sechs Jungen und drei Mädchen nicht gewaschen."

Zu Hause fragt der Vater: „Und, was macht die Schule?"
„Alles supi!"
„Und wie läuft es mit deinem Lehrer?"
„Auch supi. Der ist übrigens unheimlich neidisch auf dich." „Warum das denn?"
„Jeden Tag sagt er zu mir: Junge, Junge, dein Vater möchte ich sein!"

„Seit mein Sohn ein Auto hat, ist er wesentlich früher in der Schule als vorher."
„Damit er pünktlich zum Unterricht kommt?"
„Nein, damit er einen Parkplatz kriegt."

Frau Hirnbügel gibt bei ihrer Nachbarin an: „Unser Junge lernt in der Schule jetzt so viele Fremdsprachen. Wenn er hier wäre, könnte er Ihnen auf Englisch, Latein, Spanisch und Geometrie ‚Guten Tag' sagen!"

Die Mutter fragt ihren Sohn: „Und, was habt ihr heute in der Schule gemacht?"
Der Sohn antwortet: „Wir haben tolle Experimente mit Sprengstoff gemacht."
„Und was macht ihr morgen in der Schule?"
„In welcher Schule denn?"

Eine Familie hat Zwillinge bekommen. Als die Mutter heimkommt, wird sie von Robert begrüßt, der in die erste Klasse geht: „Ich habe der Lehrerin von einem neuen Brüderchen erzählt und habe drei Stunden freibekommen!", jubelt er.
„Warum hast du denn nicht gesagt, dass es zwei sind?", will die Mutter wissen.
„Ich bin doch nicht blöd", ruft er, „den anderen heb ich mir für nächste Woche auf!"

Ein Sohn fragt seinen Vater: „Vati, bist du als Kind eigentlich immer brav in die Schule gegangen?"
„Aber natürlich, mein Sohn. Ich habe keinen einzigen Tag ausgelassen!"
„Siehst du, Mami, es hat auch nichts genützt!"

Nach einer Aufführung der Theater-AG in der Schule.
Vater: „Na, wie ist es gelaufen?"
Sohn: „Es war ein Riesenerfolg. Die Leute haben sich gebogen vor Lachen."
Vater: „Und was habt ihr gespielt?"
Sohn: „Ein sehr trauriges Stück!"

„Mami, heute bin ich in der Schule gelobt worden!"
„Wofür denn?"
„Von den vier Schülern, die heute nachsitzen mussten, war ich der bravste!"

„Gehst du denn schon in die Schule?", fragt der Nachbar die kleine Johanna.

„Na, klar", erwidert diese stolz.

„So, so", fragt der Nachbar weiter, „und was machst du so in der Schule?"

„Ich warte, bis sie aus ist."

„Unser Lehrer ist sehr fromm", erzählt Seppi daheim.

„Wieso sehr fromm?", interessiert sich der Vater.

„Bei den meisten Antworten, die ich gebe", erzählt Seppi, „schlägt er die Hände zusammen und sagt: ‚Mein Gott, mein Gott!'"

Der Vater von Tom hat fünf Söhne: Dede, Didi, Dudu, Dodo und ...? Wie heißt der fünfte?

Tom.

Fritz kommt von der Schule zurück.

„Mama", sagt er, „ich war heute der einzige, der unserer Lehrerin eine Frage beantworten konnte."

„Was hat sie denn gefragt?"

„Wer hat die Scheibe eingeschlagen?"

NEULICH AUF DEM PAUSENHOF

„Nun, Leo", fragt der Religionslehrer in der Pause, „hast du gestern auch eine gute Tat begangen, wie ich es euch geraten hatte?"

„Oh ja, das hab ich, Herr Lehrer", erwidert Leo strahlend. „Ich habe unseren Hund auf einen Mann gehetzt, der auf dem Weg zum Bahnhof war."

„Was?! Und das nennst du eine gute Tat?", fragt der Lehrer entsetzt.

„Jawohl, Herr Lehrer", beteuert Leo, „auf diese Weise hat er seinen Zug noch erreicht."

Lehrer: „Wenn die großen Jungs auf dem Pausenhof mit Schneebällen nach euch werfen, dann dürft ihr nicht zurückwerfen, sondern ihr müsst mich rufen."

Schüler: „Meinen Sie wirklich, Sie könnten besser werfen?"

Oles Wellensittich ist weggeflogen. „Eigentlich hätte ich es merken müssen", seufzt er in der Pause. „Immer wenn ich für Erdkunde gelernt habe, hat er sich auf meine Schulter gesetzt und mit in den Atlas geschaut."

Auf dem Pausenhof unterhalten sich zwei Jungen:
„Kennst du den Witz von der Frau, die eine Schere verschluckt hat, und der Mann sagt: ‚Macht nichts, dann kaufen wir eben eine neue!'?"
„Nee, erzähl mal."

In der Pause prahlen Felix und Max, wer den stärkeren Papa hat.
„Kennst du den Bodensee?", fragt Felix. „Mein Papa hat nämlich das Loch dafür gegraben!"
„Aha. Und kennst du das Tote Meer?", fragt Max zurück. „Mein Papa hat es nämlich erschlagen!"

In der Mittagspause streiten sich zwei Schüler:
„Wehe, du sagst noch einmal, dass ich eine große Klappe hätte!"
„Hab ich nie gemacht. Ich habe nur gesagt, du könntest eine Banane quer essen."

Milan zu seiner Schwester: „Kann ich ein Foto von dir haben?" Die Schwester antwortet: „Ja, hier hast du mein schönstes Bild."
Am Nachmittag nach der Schule fragt die Schwester Milan: „Wozu brauchtest du denn ein Foto von mir?"
„Wir sollten ein Bild von Naturkatastrophen mitbringen ..."

Vor der Schule steht ein schluchzender Junge. Ein vorbeigehender Streifenpolizist spricht ihn an: „Warum weinst du denn, mein Kleiner?"
Schüler: „In der Schule hat man uns gesagt, dass wir die Straße nur überqueren dürfen, wenn die Autos vorbei sind. Und nun stehe ich schon seit über einer halben Stunde hier, und es kommt noch immer keins vorbei."

In der Pause fragt Leo Anton: „Wo macht ein Skelett
Urlaub?"
„Weiß ich nicht."
„Am Toten Meer!"

Zwei ehemalige Schulfreunde treffen sich. Sie
sprechen über ihre Berufe.
Christian: „Ich bin Zahnarzt geworden. Und
du?"
Michael: „Ich verteile im Theater die Rollen."
Christian: „Aber das muss doch unheimlich
schwer sein ..."
Michael: „Nö, in jede Toilette muss nur eine."

„Warum weint dein kleiner Bruder denn so?"
„Heute gab es Osterferien, und er hat keine
bekommen."
„Aber warum denn nicht?"
„Weil er noch nicht zur Schule geht!"

Luise fragt ihren Mitschüler Jakob: „Wusstest du, dass Mädchen viel schlauer sind als Jungen?!"
Jakob: „Nee!"
Luise: „Na siehste!"

Die Schule brennt lichterloh. Entsetzt sieht der Direktor, dass einige Kinder Papier in die Flammen werfen.
„He, seid ihr denn wahnsinnig?!", schreit er fassungslos.
„Wir wollen nur helfen!", rufen die Kinder. „Das ist Löschpapier!"

In der Pause fragt der Lehrer: „War jemand von euch gestern beim Fußballspiel?"
Robin antwortet: „Ja, ich, Herr Lehrer."
Der Lehrer fragt: „Und, wie ist das Spiel ausgegangen?"
Robin: „Wie immer! Pünktlich mit dem Schlusspfiff."
Lehrer sagt: „Nein, ich wollte wissen, wie viele Tore es gegeben hat."
Da sagt Robin: „Auch wie immer: auf jeder Seite des Spielfeldes eines."

Vor der Schule fragt die Lehrerin Marvin: „Warum lässt du denn die Luft aus den Fahrradreifen raus?"
Da sagt Marvin: „Ist doch klar, der Sattel ist zu hoch."

In der Pause fragt der Lehrer: „Aber Ricardo, was hast du denn da für ein seltsames Paar Schuhe an? Du trägst ja einen braunen und einen schwarzen Schuh!"
Ricardo: „Ich weiß! Das Paar habe ich sogar zweimal."

Auf dem Schulhof ertönt die Pausenglocke. Da fragt Leander altklug: „Johan, was heißt Glocke auf Englisch?"
Johan antwortet: „Keine Ahnung!"
Leander sagt die Lösung: „Bell."
Darauf Johan: „Wuff, wuff!"

Auf dem Schulhof fragt der Lehrer streng: „Nick, hast du das Fahrrad vor der Schule gestohlen?"
Darauf sagt Nick: „Nein, durchsuchen Sie mich."

Auf dem Pausenhof streiten sich zwei Jungs. „Du bist ein Kamel!", schreit der eine.
„Du bist ein noch größeres Kamel!", ruft der andere.
Der Lehrer ist von dem Lärm genervt und geht dazwischen: „He, ihr habt wohl vergessen, dass ich auch noch da bin!"

Chris kommt zu spät zur Schule. Auf der Treppe trifft er die Direktorin. „Zehn Minuten zu spät!", sagt diese ernst. Chris nickt und meint: „Ich auch!"

„Was willst du mal werden?", fragt der Rektor auf dem Pausenhof einen Schüler.
„Lehrer und Maurer."
„Warum das denn?"
„Na, als Lehrer habe ich im Sommer frei und als Maurer im Winter."

Der Musiklehrer fragt einen Schüler: „Was ist dein Lieblingsinstrument?"
Der Schüler antwortet: „Die Pausenglocke."

Was ist grün und macht die Schultoiletten sauber?
Das Klokodil.

In der kleinen Pause geht die Deutschlehrerin
zu Emma: „Wie ich gehört habe, hast du ein
Schwesterchen bekommen. Wie heißt denn die
Kleine?" Emma: „Das wissen wir noch nicht,
Frau Leherin. Sie spricht so undeutlich!"

Ein genervter Schüler stellt auf dem Schulhof seine Lehrerin zur Rede: „Ich finde auch nicht alles gut, was Sie machen. Aber renne ich deshalb gleich zu ihren Eltern?"

„Was habe ich denn heute eigentlich gelernt?", fragt Fritzchen die Lehrerin in der Pause.
„Das ist aber eine dumme Frage."
„Ja, das finde ich auch, aber zu Hause fragen sie mich auch immer so dumm."

Auf dem Schulhof fragt der Lehrer die kleine Greta: „Wie war es denn in den Herbstferien, hat es oft geregnet?"
Greta: „Nein, Herr Lehrer, eigentlich nur zweimal – einmal sieben und einmal vier Tage."

„Also", sagt der Direktor zu Paul, „du kannst mir nicht erzählen, dass du das Portemonnaie, das du auf dem Schuhlhof gefunden hast, für dein eigenes gehalten hast!"
„Das behaupte ich auch gar nicht", erwidert Paul, „aber das Geld darin kam mir irgendwie bekannt vor!"

Lehrer: „Du siehst übermüdet aus. Wie viele Stunden schläfst du täglich?"
Schüler: „Höchstens drei bis vier Stunden, Herr Lehrer."
Lehrer: „Das ist doch viel zu wenig."
Schüler: „Mir genügt es, denn in der Nacht schlafe ich ja auch noch zehn Stunden."

Ein kleiner Junge sitzt vor der Schule. Ein besorgter Lehrer kümmert sich um ihn: „Warum gehst du denn nicht nach Hause?"
Schüler: „Weil meine Mutti schlechte Laune hat."
Lehrer: „Und warum hat sie schlechte Laune?"
Schüler: „Weil ich nicht nach Hause komme."

Auf dem Schulhof zeigt eine Schülerin auf den Bauch der schwangeren Lehrerin: „Was ist das?"
Lehrerin: „Das ist mein süßes Baby."
Schülerin: „Hast du es denn lieb?"
Lehrerin: „Ja, sehr sogar."
Schülerin: „Aha, und warum hast du es denn aufgegessen?"

Am Morgen erklärt der Lehrer dem Schüler auf dem Schulhof: „Deine Fahrradlampe funktioniert nicht. Du musst absteigen und schieben."
Da antwortet der Schüler: „Hab ich schon ausprobiert, aber dann funktioniert sie auch nicht."

DA LACHT DIE GANZE KLASSE

Höllenlärm in der Nachbarklasse. Zornig rennt der Direktor hinüber, schnappt sich den größten Schreihals und bringt ihn in seine Klasse. Nebenan wird es auffallend still.
Nach einer Weile klopft ein Schüler an: „Bitte, Herr Direktor, könnten wir jetzt unseren Mathelehrer wiederhaben?"

> Lehrer: „Wer kann mir die Buchstaben des Alphabetes aufsagen?"
> Fritz meldet sich: „L-C-B-M-G!"
> „Also, Fritzchen, wo hast du denn gelernt, so zu buchstabieren?"
> „Auf der Tafel beim Augenarzt!"

„Der Aufsatz ‚Unser Hund' ist ja ganz genau derselbe wie der deiner Schwester."
„Kein Wunder. Es ist ja auch derselbe Hund."

> ‚Was ist Faulheit?' lautet das Aufsatzthema. Die Kinder schreiben und schreiben, aber der Lehrer staunt nicht schlecht, als ausgerechnet der stinkfaule Chris der Erste ist, der sein Heft abgibt. Noch mehr aber staunt er, als er neugierig das Heft durchblättert: lauter leere Seiten und am Ende in großen Buchstaben: „Sehen Sie – das ist Faulheit."

Lehrerin: „Wenn ich sage: ‚Ich bin krank', was ist das dann für eine Zeit?"
Schüler: „Eine wirklich schöne Zeit!"

Beim Diktat ermahnt der Lehrer Toni: „Das ist jetzt schon das dritte Mal, dass du zu Isabel rüberschaust!"
„Ja, ich weiß, Herr Lehrer, aber das liegt nur daran, dass Isabel so undeutlich schreibt."

Der Lehrer fragt: „Was versteht man unter einer Bahnunterführung?"
Ein Schüler meldet sich: „Kein Wort, wenn gerade ein Zug darüberfährt!"

Fragt der Lehrer: „Julius, kannst du mir sagen, wann Rom erbaut wurde?"
„Ja, mitten in der Nacht!", antwortet Julius wie aus der Pistole geschossen.
„Wie kommst du denn darauf?", fragt der Lehrer.
„Mein Vater sagt immer: Rom wurde nicht an einem Tag erbaut!"

Lehrer: „Kaan, weißt du, was für ein Klima in Neuseeland herrscht?"
„Dort muss es ganz frostig kalt sein."
Lehrer: „Leider falsch! Wie kommst du denn darauf?"
„Das Lammfleisch, das wir von dort bekommen, ist immer gefroren."

Fragt die Lehrerin die Schüler:
„Glaubt ihr, dass es Leben auf dem Mond gibt?"
„Klar!", ruft Lisa. „Da brennt doch jeden Abend Licht."

In der Erdkundestunde fragt der Lehrer die Schüler:
„Wenn ich im Schulhof ein tiefes Loch grabe, wo komme ich dann hin?"
Ein Schüler antwortet: „Ins Irrenhaus ..."

Der Pfarrer besucht das erste Schuljahr und fragt:
„Kinder, wisst ihr denn auch, wer ich bin?"
„Klar", meint Fritzchen, „du bist der Nachrichtensprecher vom lieben Gott!"

Lehrer: „Das Glas haben wir von den Ägyptern, den Kalender von den Römern, die Zahlen von den Arabern. Kann mir jemand ein ähnliches Beispiel nennen?"
„Ja! Das Bügeleisen haben wir von Oma, den Staubsauger von unseren Nachbarn und das Geld von der Bank."

„Lara, was ist weiter von uns entfernt? Der Mond oder Amerika?", fragt die Lehrerin.
„Amerika!", antwortet Lara, ohne zu zögern.
„Wie kommst du denn darauf?"
„Den Mond kann ich jeden Abend vom Fenster aus sehen. Amerika nicht."

Lehrerin: „Wenn ich sage: ‚Ich bin schön' – welche Zeit ist das dann?"
Schüler: „Vergangenheit."

„Der Mond ist so groß, dass Millionen Menschen darauf Platz hätten", erklärt der Lehrer.
„Aber was gäbe das für ein Gedränge, wenn Halbmond ist!", überlegt Jonas laut.

„Mensch, Mirko!", ärgert sich der Geschichtslehrer. „Du weißt also nicht einmal, wann der Dreißigjährige Krieg begann!?"
„Nein", sagt Mirko, „aber dafür weiß ich, wie lange er gedauert hat."

„Andi, komm mal an die Tafel! Zeig mir auf der Landkarte, wo Amerika liegt!", fordert der Lehrer seinen Schüler auf. Andi kommt nach vorn, zeigt auf die Karte und sagt: „Hier ist Amerika!"
Nun wendet sich der Lehrer an die Klasse: „Und wer hat Amerika entdeckt?"
Da tönt die Klasse im Chor: „Das war Andi."

Die Lehrerin erklärt, dass Italien ungefähr tausend Kilometer von Deutschland entfernt ist. Da meldet sich Johanna und meint: „Und da behauptet Ricardo, er würde aus Italien kommen. Dabei kommt er jeden Tag mit dem Fahrrad zur Schule."

„Was ist wichtiger für uns, die Sonne oder der Mond?", fragt die Lehrerin im Unterricht. „Natürlich der Mond", antwortet Max, „denn der leuchtet in der Nacht, wenn es dunkel ist, am Tag ist es ja sowieso hell."

„Na, wer kann mir sagen, was es vor hundert Jahren noch nicht gegeben hat?", fragt die Lehrerin.
„Rennautos."
„Handys."
„Computer."
„Fitnessstudios."
Ole weiß auch noch etwas: „Meinen kleinen Bruder und mich!"

Schulaufgabe: Die Klasse soll einen dreiseitigen Aufsatz über Faulheit schreiben.
Nach dreißig Sekunden gibt Peter die drei Blätter ab:
Erstes Blatt: „DAS"
Zweites Blatt: „IST"
Drittes Blatt: „FAULHEIT!"

Lehrer: „Wie viele Erdteile gibt es?"
Schüler: „Sechs."
Lehrer: „Genauer bitte."
Schüler: „Eins, zwei, drei, vier, fünf, sechs."

Diskussion über den gerade im Erdkundeunterricht gezeigten Film.
„Also, ihr habt gesehen, wie dem Krater des Vesuvs die glühende Lava entströmt", erinnert die Lehrerin. „Und doch ist gerade der vulkanische Boden sehr fruchtbar. Wie heißt der Wein, der am Fuße des Vesuvs gedeiht? Weiß es einer von euch?" Michael meldet sich: „Glühwein, Frau Lehrerin."

„Anna, du hast genau dieselben elf Fehler im Diktat wie dein Tischnachbar. Wie erklärst du dir das?", schimpft die Lehrerin.
„Ganz einfach", antwortet Anna ruhig. „Wir haben die gleiche Lehrerin!"

Der Lehrer bittet den kleinen Piet zu sich und mahnt: „Hör zu, Piet, es gibt zwei Wörter, die ich nie mehr in deinen Aufsätzen lesen will. Das eine ist ‚ultrakrass' und das andere ‚saucool'!" Piet nickt und sagt: „Geht in Ordnung. Und wie heißen bitte diese beiden Wörter?"

Lehrerin: „Warum sind die Häuser in der Schweiz so häufig aus Holz?"
Schülerin: „Weil die Schweizer die Steine für ihre Berge brauchen."

Heute kommt der Schulrat zu Besuch und der Lehrer ist sehr aufgeregt. Der Schulrat sieht sich in der Klasse um und fragt: „Wie viele Erdteile gibt es?"
„Hundert!", ruft Frederik laut.
„Aber Frederik", tadelt der Lehrer nach der Stunde, „wie konntest du dem Schulrat nur so etwas sagen?"
„Wieso", fragt Frederik, „durfte er es denn nicht wissen?!?"

Im Erdkundeunterricht erklärt die Lehrerin: „Wenn wir zu Bett gehen, dann stehen die Leute in Amerika erst auf."
Da ruft Mia entrüstet: „Das müssen ja verdammt faule Leute sein!"

Aron muss sich beim Rektor melden: „Ich bin unschuldig."
Rektor: „Das sagen alle."
Aron: „Da sehen Sie ja selbst. Wenn es alle sagen, dann muss es doch auch stimmen."

Jakob kommt ganz aufgeregt in die Klasse: „Ich bin von Räubern überfallen worden!"
„Und, was hat man dir geraubt?", will der Lehrer wissen.
„Zum Glück nur die Hausaufgaben."

Die Hauswirtschaftslehrerin fragt Pia: „Und, hast du den Fisch auch gewaschen?"
„Nö, wieso auch? Der war doch sein ganzes Leben lang im Wasser."

Oskar, Amir und Leo kommen zu spät in den Unterricht. Fragt die Lehrerin: „Na, was für eine Ausrede habt ihr heute?"
„Ich habe einer älteren Dame über die Straße geholfen", sagt Oskar.
„Und du, Amir?"
„Ich habe auch der Dame über die Straße geholfen."
„Und du, Leo, hast du etwa auch der älteren Dame über die Straße geholfen?"
„Ja, Frau Lehrerin, Oskar hat sie links am Arm gefasst, Amir rechts, und ich hab von hinten geschoben."

Die Schüler liegen rücklings auf dem Boden und strampeln mit den Beinen. Die Übung nennt sich Radfahren. Juri, der einfach nur regungslos auf dem Rücken liegt, wird vom Lehrer ertappt: „Hey, Juri, warum machst du denn nicht mit? Du könntest dich ruhig etwas mehr anstrengen!"
Juri entgegnet trocken: „Ich fahre bergab!"

Die Lehrerin ist wütend: „Lina, kaust du schon wieder Kaugummi?"
„Ja, aber ..."
„Ab, sofort in den Papierkorb!"
„Den Kaugummi auch?"

Einige Schüler helfen beim Umräumen der Klassenzimmer. Karlchen zieht keuchend einen schweren Rollschrank den Gang entlang.
Lehrer: „Ich habe doch ausdrücklich gesagt, dass David und Irina dir bei dieser schweren Arbeit helfen sollen."
Karlchen: „Das tun sie doch auch. Sie sitzen beide im Schrank und halten die Ordner fest, damit sie nicht rausfallen."

Lehrer: „Du hast in den Ferien ja richtig dicke Wangen bekommen. Habt ihr immer so gut gegessen?"
Schüler: „Nein, das nicht, aber ich musste immer die Luftmatratzen aufblasen."

„Johannes, wer schreit denn bei euch immer so laut rum?", fragt der Nachbar.
„Ach, das ist mein Opa. Der erklärt meinem Vater, wie meine Hausaufgaben gerechnet werden müssen."

Die Lehrerin stellt Anna eine Frage und bekommt als Antwort: „Sie sind aber vergesslich. Gestern haben Sie mich doch schon dasselbe gefragt und ich habe Ihnen gesagt, dass ich es nicht weiß!"

Der Lehrer fragt die Kinder: „Wer kann mir ein Beispiel dafür nennen, dass Ehrlichkeit am längsten währt?"
„Ich", antwortet Jonne. „Wenn ich die Rechenaufgaben abschreibe, bin ich schnell fertig. Wenn ich sie allein mache, dauert es viel länger."

„Dennis", erkundigt sich der Lehrer, „bist du krank? Du siehst heute so blass aus."
„Nein, Herr Lehrer", klärt Dennis die Sache auf, „heute hat mich bloß meine Mutter gewaschen und sonst mache ich das immer selbst."

Während des Verkehrsunterrichts rast Alva wie wild über den Schulhof.
„Halt!", ruft ihr die Lehrerin entgegen. „Du hast kein Licht und keine Klingel!"
Da ruft Alva ihr zu: „Aus dem Weg! Ich hab auch keine Bremse!"

Die Lehrerin ist außer sich über die schmutzigen Hände von Hugo, doch er kann sie beruhigen: „Das ist noch gar nichts, Frau Lehrerin, da müssten sie erst einmal meine Füße sehen!"

„Justus", sagt die Lehrerin missbilligend, „du hast dir wieder nicht das Gesicht gewaschen! Man sieht es noch ganz deutlich, dass du heute Morgen ein Ei gegessen hast."
„Reingefallen, Frau Lehrerin", strahlt Justus, „das war gestern!"

Lehrerin: „Was malst du denn da, Jan?"
„Eine Katze!"
„Und wo ist der Schwanz?"
„Noch im Bleistift!"

Im Musikunterricht.
„Welches ist das älteste Musikinstrument?",
fragt die Lehrerin.
„Das Akkordeon!"
„Wie kommst du denn darauf?"
„Das hat die meisten Falten!"

Ferdinand kommt in die Schule. In der ersten Stunde fragt der Lehrer: „Wie heißt du?"
„Müller ohne F."
„Aber in Müller kommt doch gar kein F vor!"
„Na ja, das sagte ich doch gerade."

„Das ist total gemein!", beschwert sich Anton bei der Lehrerin. „Ich bin zu Hause von fünf Geschwistern das Jüngste und muss immer die alten Klamotten der anderen tragen."
„Aber das ist doch nicht so schlimm", tröstet sie ihn.
„Und ob das schlimm ist, ich bin doch der einzige Junge!"

„Wo ist denn das Stück Kuchen, das gerade noch auf meinem Pult lag?", fragt die Lehrerin.
Jonas antwortet: „Das habe ich einem hungrigen Jungen gegeben."
„Das ist aber nett von dir. Wer war es denn?"
„Ich!"

Im Schulsekretariat klingelt das Telefon und eine Stimme sagt: „Ich möchte den Schüler Peter heute vom Unterricht entschuldigen, er hat eine Erkältung!"
„Und mit wen spreche ich?", will die Sekretärin wissen.
„Mit meinem Vater!"

Beim Wandertag sieht die Schulklasse Schwäne auf einem See. Die Lehrerin fragt ihre Schüler: „Na, hättet ihr auch gerne so lange Hälse?"
Sina antwortet: „Beim Waschen nicht, beim Diktat schon!"

Der Lehrer schimpft: „Rick, du hast ja deine Hausaufgaben nicht gemacht! Janosch, wie sieht es mit dir aus?"
Janosch: „Wir machen unsere Hausaufgaben immer zusammen ..."

In der Musikstunde sagt die Lehrerin: „Jonas, sing doch bitte mal ein F."
Jonas singt.
„Und nun bitte ein C."
Jonas singt auch das C.
„Und nun G!"
„Wenn Sie meinen", sagt Jonas, nimmt seine Schultasche und geht.

„Ebrahim, was hatten wir denn gestern auf?", fragt die Lehrerin.
Ebrahim überlegt kurz und sagt dann: „Sie gar nichts und ich eine Baseballkappe."

Die Lehrerin seufzt: „Warum antwortest du eigentlich immer mit einer Gegenfrage?"
Daraufhin der Schüler: „Tue ich das wirklich?"

„Frau Lehrerin, ich tu so gern singen!", sagt Marie.
„Das heißt: Ich singe so gern!", verbessert die Lehrerin.
„Frau Lehrerin, mein Vater tut so gern kochen!", sagt Tim.
„Das heißt: Mein Vater kocht so gern!", erklärt die Lehrerin.
Da meldet sich der kleine Olli: „Frau Lehrerin, darf ich mal kurz raus? Mein Bauch weht …"

Der Lehrer fertigt eine Klassenliste mit Namen und Geburtsdaten der Kinder an. Er fragt:
„Aurora, wann hast du Geburtstag?" Aurora schweigt. Der Lehrer wiederholt seine Frage:
„Ich möchte wissen, wann du Geburtstag hast!"
Aurora antwortet genervt: „Warum denn? Sie schenken mir ja eh nichts."

Die Lehrerin tritt während des Unterrichts Michi, einem Bauernsohn, auf den Fuß. Sie entschuldigt sich sofort höflich. Da sagt Michi: „Ach, das macht doch nichts! Wissen Sie, ich kenne das, mir ist schon so manche Kuh auf den Fuß getrampelt ..."

In der Grundschule herrscht große Aufregung. Der Herr Schulrat wird erwartet und die Lehrerin schärft ihren Kindern ein: „Sprecht den Herrn Schulrat auf jeden Fall immer mit ‚Sie' an. Und höflicher ist es, wenn ihr am Ende des Satzes noch ein ‚Herr Schulrat' anfügt."
Der Schulrat kommt, setzt sich ins Klassenzimmer und verfolgt wohlwollend den Religionsunterricht. Am Ende der Stunde fragt er Emil: „Na, mein Kleiner. Nenne mir doch bitte das achte Gebot!"
„Sie sollen nicht stehlen, Herr Schulrat!"

„Welche vier Worte werden in der Schule am häufigsten gebraucht?", fragt der Lehrer. „Das weiß ich nicht", antwortet Julian. „Richtig."

Am Freitag schimpft der Klassenlehrer wütend: „Lena, das ist das fünfte Mal in dieser Woche, dass du zu spät kommst. Was sagst du dazu?"
„Es wird diese Woche bestimmt nicht mehr vorkommen."

Entsetzt starrt die Lehrerin die Hand von Frieda an: „Wenn du mir in dieser Klasse eine Hand zeigen kannst, die noch dreckiger ist als diese, bekommst du von mir einen Euro!"
Da zeigt Frieda lächelnd ihre andere Hand.

„Und, Ida, wo warst du in den Ferien?"
„Neun Stunden in einer Schlucht und drei Wochen im Krankenhaus."

Der Lehrer zum neuen Schüler: „Wie heißt du?"
„Florian Müller."
„Und dein Alter?"
„Karl Müller."

Der Kunstlehrer wirft einen Blick auf Arthurs Zeichenblatt und fragt ihn: „Hast du schon mal einen Engel mit drei Flügeln gesehen?!"
Arthur: „Haben Sie schon mal einen Engel mit zwei Flügeln gesehen?"

Marcel kommt zu spät zur Schule. Die Lehrerin: „Wieso bist du schon wieder zu spät?"
„Ich habe von einem Fußballspiel geträumt und dann gab es Verlängerung ..."

Felix steht ganz bleich an der Tafel.
„Hast du denn solche Angst vor meinen Fragen?", sorgt sich der Lehrer.
„Nein", antwortet Felix, „mehr vor meinen Antworten."

Lehrer: „Mit dir ist es aber auch immer dasselbe. Du bist der Schlechteste in der Klasse, du arbeitest langsam, du liest langsam, du schreibst langsam, du denkst langsam. Gibt es überhaupt etwas, das bei dir schnell geht?"
Schüler: „Ja, Herr Lehrer! Ich werde schnell müde."

Warum sind Matheaufgaben gefährlich?
Weil man sich dabei den Kopf zerbricht.

Die Lehrerin einer ersten Klasse unterhält sich mit ihren neuen Schülern: „Wie alt bist du, Johann?"
Schüler: „Sechs!"
Lehrerin: „Und was möchtest du mal werden?"
Schüler: „Sieben!"

Frieda: „Ich bekomme ein Brüderchen."
Lehrerin: „Woher weißt du das denn so genau?"
Frieda: „Das ist doch ganz einfach. Das letzte Mal, als meine Mami ins Krankenhaus musste, habe ich ein Schwesterchen bekommen. Und diesmal musste mein Papi ins Krankenhaus."

Bei der Vorbereitung des Schulfestes gibt der Lehrer einem Schüler einen gut gemeinten Rat: „Wenn du auf einen Stuhl steigst, um die Girlande anzubringen, dann leg das nächste Mal bitte eine Zeitung drunter."
Schüler: „Nicht nötig, Herr Lehrer, ich komme auch so ran."

Im Kunstunterricht sollen die Schüler eine Kuh malen, die auf einer Wiese steht. Alle Kinder malen und geben am Ende der Stunde das Blatt ab. Zurafetas Blatt ist leer.
„Aber wo ist denn die Kuh?", fragt die Lehrerin.
„Die hat das ganze Gras aufgefressen und ist dann weggelaufen."

Lehrerin: „Hast du denn keine Ohren? Wie oft muss ich dir denn noch sagen, dass du nicht ständig mit den Beinen zappeln sollst?"
Schüler: „Und wie, bitte, soll ich mit den Ohren zappeln?"

Lehrer: „Was ist dein Vater?"
Schüler: „Er ist erkältet."
Lehrer: „Nein, ich wollte wissen, was er tut."
Schüler: „Er liegt im Bett."

Maria aus Südtirol ist neu zugezogen.
„Sprichst du auch Italienisch?", will die Lehrerin wissen.
„Keine Ahnung, ich habe es noch nie probiert."

Kristin ist neu in der Schulklasse und die Lehrerin murmelt: „Ich könnte wetten, dass ich dein Gesicht schon irgendwo anders gesehen habe."
„Kann nicht sein", widerspricht Kristin, „ich trage mein Gesicht immer an derselben Stelle."

Ronja wird vom Lehrer aufgerufen, kann die schwere Frage allerdings nicht beantworten. Ihre Banknachbarin Janne will sie trösten und flüstert ihr zu: „Der Lehrer ist aber auch wirklich ein ekelhafter Kerl."
Der Lehrer ermahnt Janne: „Nicht vorsagen! Ronja kommt schon noch von selbst darauf."

„Hör mal, Janosch, kannst du mir sagen, wie spät es ist?", fragt der Lehrer.
Janosch sagt: „Na klar, zeigen Sie mir einfach mal Ihre Uhr!"

Am ersten Schultag stellen sich Kurt und seine Mitschüler der Lehrerin vor. „Ich heiße Hannes", sagt der Erste.
„Das heißt Johannes!", sagt die Lehrerin.
„Ich heiße Hanna", sagt eine Mitschülerin.
„Das heißt Johanna", verbessert sie die Lehrerin.
Sagt Kurt: „Ich heiße Jokurt."

Robert kommt zu spät in die Schule.
Fragt der Lehrer: „Wieso bist du zu spät?"
Darauf Robert: „Ich habe verschlafen."
Der Lehrer fragt verwundert: „Was?! Zu Hause schläfst du auch?"

Sagt der Lehrer zu seinen Schülern: „Wer die ganze Woche keine Hausaufgaben machen will, soll einen Schritt vortreten."
Alle außer Maja treten einen Schritt vor. Da fragt der Lehrer Maja, ob sie Hausaufgaben machen wolle.
„Nein, bin nur zu faul, einen Schritt vorzugehen."

71

GAR NICHT TROCKEN – DAS BESTE AUS MATHE, PHYSIK & CO.

Der Lehrer schimpft mit Fritzchen: „Hör mal! Ich verstehe nicht, dass du bei den Rechenaufgaben immer zu viel herausbekommst! Kann dir denn dein Vater nicht helfen?"
„Doch, das hat er schon getan."
„So, was ist er denn von Beruf?"
„Kellner."

Lehrer: „Welche Form hat die Erde?"
Schüler: „Die Erde ist rund."
„Und woher weißt du das?"
„Nun, möglicherweise ist sie auch quadratisch. Ich möchte mich mit Ihnen da nicht über Kleinigkeiten streiten."

Die Lehrerin fragt Karlchen: „Karlchen, was kannst
du mir über das Tote Meer erzählen?"
Karlchen springt ganz erschrocken auf und ruft:
„Ich wusste ja noch nicht einmal, dass es krank
war!"

Der Lehrer sagt zu Lieselotte: „Wenn deine
Mutter eine Jacke für 150 Euro und eine Hose
für 200 Euro kaufen würde, was würde das
ergeben?"
Lieselotte antwortet: „Krach mit Papa!"

Die Lehrerin fragt: „Warum können Fische nicht
reden?"
Arthur antwortet: „Können Sie denn reden, wenn
Sie den Kopf unter Wasser haben?"

Der kleine David war eine Niete in Mathematik.
Seine Eltern versuchten alles: Lehrer, Erzieher,
Quizkarten, spezieller Unterricht ... nichts half.
Als letzten Ausweg riet man den Eltern, eine
katholische Schule zu versuchen.
„Die Nonnen dort sind streng!", sagten sie.
Also wurde David dort angemeldet. Schon am
ersten Tag nach der Schule lief David schnur-
stracks in sein Zimmer und begann, wie wild
zu lernen. Bücher und Papiere fanden sich
über das ganze Zimmer ausgebreitet. Sofort
nach dem Essen lief er in sein Zimmer, ohne
das Fernsehen zu erwähnen, und vergrub sich
noch mehr in die Bücher. Seine Eltern waren
erstaunt. An seinem Verhalten änderte sich
nichts, bis zum Tag der Zeugnisausgabe. Zu
Hause legte David das Zeugnis still auf den
Tisch und ging auf sein Zimmer. Seine Mutter
las das Zeugnis, David hatte in Mathematik
eine Eins erhalten! Sie lief in Davids Zimmer,
schlang die Arme um ihn und fragte: „David,
Liebling, wie ist das passiert? Waren das die
Nonnen?"
„Nein", antwortete David. „Am ersten Tag, als
ich in der Schule den Burschen sah, der an das
große Pluszeichen genagelt war, wusste ich,
die verstehen hier keinen Spaß!"

Der Lehrer in der Mathematikstunde: „Angenommen, du hast zehn Cent und zwei Fünfer. Die steckst du in die Hosentasche und verlierst zwei Zehner. Was hast du dann in der Tasche?"
Der Schüler: „Ein Loch!"

„Anton, wenn ich dir sechs Äpfel gebe und du sollst sie mit deinem kleinen Bruder teilen, wie viele Äpfel bekommt dein Bruder?", fragt der Lehrer.
„Zwei", antwortet Anton.
„Ja, kannst du denn nicht rechnen?"
„Ich schon, mein Bruder aber noch nicht!"

Der Lehrer fragt: „Wenn ich vier Eier auf das Pult lege, und du legst noch einmal vier Eier dazu – wie viele sind es dann?"
Der Schüler antwortet: „Tut mir leid, Herr Lehrer, aber ich kann keine Eier legen."

Lisa in der Mathematikstunde: „Herr Lehrer, jetzt habe ich die Aufgabe schon acht Mal kontrolliert."
„Gut, Lisa", lobt der Lehrer, „was hast du denn herausbekommen?"
„Wollen Sie alle acht Ergebnisse wissen?"

Der Lehrer fragt: „Hassan, wie viel ist vier und vier?"
Hassan: „Acht."
„Richtig, zur Belohnung bekommst du acht Bonbons von mir."
„Wenn ich das gewusst hätte", meint Hassan, „hätte ich hundert gesagt!"

Beim Elternsprechtag: „Ich muss Ihnen leider mitteilen, dass Ihr Sohn keinerlei Fortschritte im Multiplizieren und Dividieren macht!"
Sagt der Vater: „Das ist doch nicht schlimm, Latein ist nicht so wichtig. Hauptsache, der Junge kann rechnen!"

Der Mathelehrer trennt die guten von den schlechten Klassenarbeitsheften auf dem Pult: „So, Kinder, hier habe ich zwei Haufen gemacht."
Die Klasse lacht schallend. Der Lehrer wütend:
„Wenn noch weiter so gelacht wird, setze ich noch einen vor die Tür!"

Mathelehrer: „In einem Haus mit fünf Stockwerken gibt es vier Treppen mit jeweils achtzehn Stufen. Wie viele Stufen muss man also gehen, um in den fünften Stock zu gelangen?"
Jonah triumphierend: „Alle!"

Die Mathematiklehrerin: „Wenn ich dieses Papier in vier Teile zerreiße, dann habe ich Viertel, wenn ich es in acht Teile zerreiße, Achtel. Was habe ich, wenn ich es in tausend Teile zerreiße?"
Antwort aus der Klasse: „Konfetti!"

Die Mathematiklehrerin wendet sich an eine Schülerin: „Michelle, wenn du acht Äpfel hast und ich dich bitte, mir zwei zu geben, wie viele hast du dann?"
Michelle antwortet: „Acht!"

Der Lehrer fragt: „Es gibt Millimeter, Zentimeter, Quadratmeter, Kilometer, Kubikmeter. Gibt es noch etwas?" Ein Schüler meldet sich: „Ja, Siebenmeter beim Hallenhandball und Elfmeter beim Fußball."

Am Elternsprechtag. „Sicher haben Sie schon bemerkt, dass meine Tochter eine lebhafte Fantasie hat", sagt die Mutter zum Lehrer.
„Ja, allerdings", erwidert dieser, „besonders in der Mathematik!"

Ferdinand behauptet in der Schule, er sei der schnellste Rechner, den es gibt. Da fragt der Lehrer: „Was ist 45 mal 27?"
Ferdinand schreit heraus: „893!"
„Das ist falsch!", sagt der Lehrer.
Da antwortet Ferdinand: „Aber wahnsinnig schnell!"

Der Lehrer stellt David folgende Frage: „Angenommen, du hättest fünf Euro und du würdest deine Mutter um weitere vier Euro bitten, wie viel Geld würdest du dann haben?"
David: „Fünf Euro!"
„Kannst du denn immer noch nicht rechnen?"
„Doch schon, aber Sie kennen meine Mutter nicht!"

Lehrer: „Verrate mir ehrlich, Rico, wer deine Aufgaben zu Hause gerechnet hat."

„Mein Vater!", gibt Rico kleinlaut zu.

„Ganz allein?"

„Nein, hin und wieder habe ich ihm geholfen!"

Vorwurfsvoll sagt eine Mutter zur Lehrerin: „Sie sollten den Kindern keine Rechenaufgaben stellen, in denen eine Flasche Bier nur dreißig Cent kostet. Mein Mann konnte vor Aufregung die ganze Nacht nicht schlafen!"

Lehrer zum Vater eines Schülers: „Ihr Sohn macht sich in der Schule ganz gut, nur im Rechnen hapert es."

„Das hat er von seiner Mutter, die ist auch völlig unberechenbar."

„Max, zum ersten Mal seit vier Wochen hast du alle deine Rechenaufgaben richtig gelöst. Wie kommt denn das?"
„Mein Vater hatte einfach keine Zeit, mir zu helfen, Herr Lehrer."

„Sechs mal sechs ist sechsunddreißig; acht mal acht ist vierundsechzig. Was ist aber dreizehn mal dreizehn?"
„Das hab ich gern, Herr Lehrer. Die leichten Fragen beantworten Sie selbst und die schweren überlassen Sie mir."

Im Mathematikunterricht fragt der Lehrer einen Schüler: „Sag mal, wenn dein Vater tausend Euro verdient und deiner Mutter die Hälfte abgibt, was bekommt sie dann?"
„Einen Wutanfall, Herr Lehrer!"

„Sophie, ich habe dir doch gestern eine ganz klare Aufgabe gestellt", sagt die Mathelehrerin. „Sie lautete: Wenn ein Mann in einer Stunde fünf Kilometer geht, wie lange braucht er dann für 200 Kilometer? Nun, wo ist deine Lösung?"
„Tut mir leid, aber mein Vater ist immer noch unterwegs ..."

Im Mathematikunterricht fragt der Lehrer: „Dein Vater geht von A nach B und legt vier Kilometer in der Stunde zurück. Dein Onkel geht von B nach A und legt fünf Kilometer in der Stunde zurück. Wo treffen sie sich?"
Darauf Jan: „In der nächsten Kneipe an der Straße!"

Der Lehrer fragt: „Wenn dir deine Mutter zwei Scheiben Brot in die Schule mitgibt und du isst eines davon, was hast du dann noch?"
„Dann habe ich immer noch Hunger!"

„Schau mal, Moni", sagt der Lehrer, „ich schenke dir heute zwei Singvögel und morgen schenke ich dir nochmals zwei – wie viele Vögel hast du dann?"
„Fünf", behauptet Moni.
„Wieso denn fünf?", stöhnt der Lehrer.
„Einen habe ich doch schon selbst daheim."

Fritzchen kommt von der Schule und sagt zu seiner Mutter: „Ich habe mich heute als Einziger gemeldet."
Fragt die Mutter: „Wobei denn?"
Antwortet Fritzchen: „Wer heute die Mathehausaufgaben vergessen hat."

Lehrer: „Den bekanntesten Stelzvogel kennt ihr bestimmt alle. Das ist der Storch."
Eine Schülerin beginnt laut zu lachen.
Lehrer: „Was ist denn daran so komisch?"
Schülerin: „Aber, Herr Lehrer. Glauben Sie denn wirklich, wir wüssten nicht, dass es den Storch gar nicht gibt?"

Der Lehrer erklärt im Physikunterricht: „Also, Hitze dehnt Dinge aus und Kälte zieht sie zusammen."
Schülerin: „Deshalb sind also im Sommer die Tage länger, und im Winter sind sie kürzer."

Der Biologielehrer sagt zu einem Schüler: „Was ist das: Es ist schwarz und runzlig, hat giftgrüne Augen und hinterlässt eine schleimige Spur?"

„Weiß ich nicht."

„Ich auch nicht. Aber es kriecht gerade dein Hosenbein hinauf."

Im Unterricht erklärt die Lehrerin: „Es gibt Geschöpfe, bei denen die Sinne stärker entwickelt sind als beim Menschen. Wer kann mir zum Beispiel ein Tier nennen, das besser sieht als der Mensch?"

„Der Adler", weiß Leonie.

„Richtig, und wer riecht besser als der Mensch?", fragt die Lehrerin.

Das meint Ben zu wissen: „Die Rose."

„Wer kann mir ein Tier ohne Knochenbau nennen?", fragt die Lehrerin in der Schule.
Ole weiß es: „Ein Wurm!"
„Gut", sagt die Lehrerin. „Und wer weiß noch ein Tier ohne Knochenbau?"
Diesmal meldet sich Emma: „Noch ein Wurm."

„Welcher Vogel baut kein eigenes Nest?", fragt der Lehrer die Leni.
„Der Kuckuck!"
„Richtig. Und warum nicht?"
„Weil er in einer Uhr wohnt!"

Eines Tages zünden Schüler im Physikunterricht eine Stinkbombe. Kommentar des Physiklehrers: „Alle Fenster bleiben zu! Es sind schon viele erfroren, aber es ist noch niemand erstunken!"

Der Lehrer erklärt, wie ein Walross aussieht. Aber Fritz passt nicht auf. Sagt der Lehrer: „Fritz, wenn du mich nicht anschaust, wirst du nie wissen, wie ein Walross aussieht!"

Der Lehrer fragt einen Schüler, wann die Dinosaurier ausgestorben sind.
Der Schüler antwortet: „Vor 65 Millionen und 13 Jahren!" „Woher weißt du das so genau?", fragt der Lehrer.
„Ich habe es in einem Buch gelesen", sagt der Schüler, „aber das Buch ist schon 13 Jahre alt!"

In der Chemiestunde soll ein neues Experiment durchgeführt werden. Fragt ein Schüler: „Herr Lehrer, haben Sie denn auch an unsere Sicherheit gedacht?"
„Ach was, Schüler wachsen nach!"

KLEIN, ABER OHO – ECHT KURZE WITZE

„Dekliniere ‚Werwolf'!"
„Der Werwolf, des Weswolfs, dem Wemwolf, den Wenwolf."

> Das Thema eines Schulaufsatzes lautet ‚Erlebnisse auf dem Schulweg'.
> Leonhard gibt ein leeres Blatt ab.

Pia legt auf dem Schulhof einen Keks unter einen Baum – was ist das?
Ein schattiges Plätzchen.

> Der Lehrer lässt sich den Begriff ‚Notwehr' erklären. Anna meldet sich: „Notwehr ist, wenn ein Schüler sein Zeugnis selbst unterschreibt!"

Was ist klein bei einem Kamel, aber groß bei einer Mücke?
Das M.

> Wer hat einen Kopf und keine Füße?
> Der Nagel.

Lehrerin zur Mutter: „Es ist furchtbar, Ihre Tochter macht beim Diktat immer die gleichen Fehler!"
Mutter: „Na, wenigstens hat sie ein gutes Gedächtnis."

Warum nimmt Biolehrer Butterkopf immer einen Stein und Streichhölzer mit ins Bett? Mit dem Stein wirft er das Licht aus und mit den Streichhölzern schaut er nach, ob er auch wirklich getroffen hat.

Was ist der Unterschied zwischen einem Lehrer und einer Zecke?
Ein Lehrer kann eine Zecke haben, aber eine Zecke niemals einen Lehrer ...

„Wie lautet die Vergangenheitsform, also das Präteritum, von ‚Der Mensch denkt und Gott lenkt'?"
Darauf ein Schüler: „Der Mensch dachte und Gott lachte!"

Warum stellt Rektor Rührig immer einen Pfefferstreuer auf den Fernseher?
Damit das Bild schärfer wird.

Lehrerin: „Wer kann mir sagen, was ein Witwer ist?"
Schülerin: „Ich weiß es, der Mann einer Witwe."

Lehrer: „Erklär mir den Begriff ‚Nichts'."
Schüler: „Nichts ist ein Luftballon ohne Hülle."

Was macht Biolehrer Butterkopf, wenn er eine Schlange sieht?
Er stellt sich hinten an.

Welcher Peter macht am meisten Krach?
Der Trompeter.

„Du, Papa, schreibt man Pferd eigentlich mit F oder V?"
„Ach du, das weiß ich auch nicht. Schreib doch einfach: Gaul."

Der Lehrer fragt: „Leo, wie heißt die Befehlsform von ‚schweigen?' "
Leo: „Pssst!"

Eine Frage für gute Bioschüler: Warum legen Hühner Eier?
Wenn sie sie werfen, gehen sie kaputt.

Klara fragt: „Herr Lehrer, was heißt das, was Sie unter meinen Aufsatz geschrieben haben?"
Der Lehrer antwortet: „Du musst deutlicher schreiben!"

Wie fängt Lehrerin Knallkopf Fliegen?
Sie jagt die Fliegen auf den Dachboden und zieht die Leiter weg.

Die Lehrerin sagt: „Janosch, nenn mir bitte fünf Tiere aus Afrika!"
Antwortet Janosch: „Zwei Löwen und drei Elefanten."

Noch eine Frage für gute Bioschüler: Warum hoppeln Hasen, springen Böcke und hüpfen Kängurus?
Weil sie es müssen. Hätten sie Räder, würden sie alle rollen.

Wo fängt Lehrerin Knallkopf beim Bau eines Flugzeugs an?
In der Mitte, weil sie sich vorn und hinten nicht auskennt.

Wieso würgt Biolehrer Butterkopf den
Pflaumenbaum?
Er will auch blaue Pflaumen ernten.

„Ich schwimme, du schwimmst, er schwimmt, wir
schwimmen – was ist das für eine Zeit?", fragt die
Lehrerin.
„Schwimmunterricht, Frau Lehrerin!"

„Was stellt ihr euch unter einer Brücke vor?",
fragt die Lehrerin.
Nick antwortet: „Eine Menge Wasser!"

Was hat zwei Beine und kann vorn und hinten
gleich gut sehen?
Ein schlafender Lehrer.

Die Lehrerin fragt den kleinen Olli: „Was ist die
Zukunftsform von ‚Ich stehle'?"
„Ich komme ins Gefängnis", antwortet Olli.

Weiß wirft man's aufs Schuldach, gelb kommt's
hinab. Was ist das?
Ein rohes Ei.

> „Ist dein Lehrer auch so launisch?"
> „Nein, er hat immer die gleiche schlechte
> Laune."

Was sitzt vor der Turnhalle und bellt?
Ein Sportlehrer mit Sprachfehler.

> Die Lehrerin fragt: „Kinder, wer weiß, was ein
> Katalog ist?"
> Ferdinand: „Die erste Vergangenheitsform von
> ‚Ein Kater lügt.'?"

Fragt ein neuer Schüler seine Schulkameraden:
„Wann macht ihr Pause?"
Die Schulkameraden antworten: „Nie, wir
schlafen immer durch."

Eine Frage für gute Bioschüler: Welcher Baum hat
keine Wurzeln?
Der Purzelbaum.

„Wie heißt die Mehrzahl von Sandkorn?", fragt
der Lehrer.
„Wüste!", kommt es aus der Klasse.

Der Religionslehrer fragt seine Klasse:
„Was muss man tun, um in den Himmel zu
kommen?"
Meldet sich ein Kind: „Sterben!"

Lehrerin: „Samuel, nenn mir doch mal die Sinne,
die dir bekannt sind."
Samuel: „Schwachsinn, Blödsinn, Unsinn!"

Wie macht Rektor Rührig Marmelade?
Er schält ein paar Berliner.

Noch eine Frage für gute Bioschüler: Was hat einen
Hals, aber keinen Kopf?
Die Flasche.

Lehrerin Knallkopf fragt: „Warum kann es
nicht zwei Tage hintereinander regnen?"
Fritz weiß es: „Weil die Nacht dazwischenliegt!"

Religionslehrer: „Was taten die Israeliten, nachdem sie durchs Rote Meer marschiert waren?"
Schüler: „Sie trockneten sich erst einmal ab."

Fragt der Arzt seinen Patienten: „Sprechen Sie im Schlaf?"
„Nein. Aber ich spreche, wenn andere schlafen."
„Wieso?"
„Ich bin Lehrer!"

Wo hat Kunstlehrer Krause die meisten Haare?
Außen.

Der Deutschlehrer fragt seine Freundin:
„Willst du mich heiraten?"
Sie: „Ja!"
Darauf der Lehrer: „Antworte bitte in einem ganzen Satz."

Warum hat Rektor Rührig keine Eiswürfel im Gefrierfach?
Er hat das Rezept verloren.

Der neue Lehrer erklärt seiner Klasse: „Eines sage ich euch direkt: Ich hasse diese Jasager. Habt ihr das verstanden?"

Eine Frage für gute Bioschüler: Was sagt ein Uhu mit Sprachfehler?
Aha.

Schulrektor: „Würden Sie bitte heute den Rasen wässern?"
Hausmeister: „Aber, Herr Rektor, es regnet!"
Schulrektor: „Dann ziehen Sie eben einen Regenmantel an."

Warum hat Lehrer Tütenschleim Stacheldraht um seine Badewanne gelegt?
Damit er nicht zu weit hinausschwimmt.

„Sind Ihre Kinder in der Schule auch so frech?"
„Und wie! Zum Elternabend gehe ich immer
unter falschem Namen!"

Noch eine Frage für gute Bioschüler: Wie lang sollten die Beine einer Giraffe sein?
So lang, dass sie bis an den Boden reichen.

Oma: „Wie gefällt es dir in der Schule?"
Schüler: „Es geht so, man verliert dadurch viel
Zeit."

„Papa, morgen ist im kleinen Kreis Elternabend."
„Warum denn nur im kleinen Kreis?"
„Na ja, nur du und der Lehrer."

Und noch eine Frage für gute Bioschüler:
Warum sind Eisbären nicht himbeerrot?
Weil es keine Himbären sind.

„Ich habe letztens in der Klasse einen Chemiewitz
erzählt."
„Und?"
„Keine Reaktion."

Biologieunterricht: „Auf welcher Seite des
Menschen befindet sich das Herz, Stefan?"
„Auf der Innenseite!"

Woran denkt Sportlehrer Schweißfuß beim Stichwort Romantik?
An ein Fußballspiel bei Kerzenschein.

Der Lehrer fragt die Mutter: „Von wem hat das Kind diesen erstaunlichen Wissensdurst?"
„Das Wissen von mir, den Durst vom Vater."

„Unser Hubi ist jetzt auf dem Gymnasium!"
„Und wann macht er Abitur?"
„Ach so, er lernt dort nicht, sondern deckt dort das Dach!"

Warum ist im Sportunterricht bei Lehrer Schweißfuß ein Fußballspiel nur eine Halbzeit lang?
Weil er nicht weiß, wie er den Fußballplatz umdrehen soll.

Sagt der Sohn zum Vater: „Papa, hier ist deine Steuererklärung. Wie weit bist du mit meinen Hausaufgaben?"

Was ist braun, kann fliegen und macht Schülern die Zähne kaputt?
Die Toffi-Fee!

Sagt der kleine Jonas zu seinem Vater: „Strom wird teuer, Papa, sei froh, dass ich keine Leuchte bin!"

Eine Frage für gute Erdkundeschüler: Warum sind die Schotten die mutigsten Männer?
Weil ihnen das Herz nicht in die Hose rutschen kann.

Welches ist die brutalste Sportart im Schulsport?
Fußball. Da wird geköpft und geschossen.

Eine Frage für gute Bioschüler: Welche Rosen findet man auf einem Schiff?
Die Mat-rosen.

> David zu seinem Vater: „Wir haben das Diktat zurückbekommen. Bis auf die Rechtschreib-fehler ist alles richtig!"

Eine Frage für die Schulmensa: Welchen Tisch kann man essen?
Den Nachtisch.

> Der Sohn eines Kinobesitzers kommt nach dem ersten Schultag nach Hause. Der Vater fragt: „Na, wie war's?"
> „Klasse Papa, bis auf den letzten Platz ausverkauft!"

Eine Frage an die Putzfrau: Welche Brille verbessert nicht die Sicht?
Die Klobrille.

Felix zu seiner Mutter: „Mami, kann ich heute mal zu Hause bleiben? Ich fühle mich überhaupt nicht wohl!"
„Wo denn?"
„In der Schule!"

„Was hast du heute denn im Matheunterricht gehabt?"
„Furchtbaren Hunger."

Sportlehrer Schweißfuß fragt: „Welcher Schuh passt auf keinen Fuß?"
„Der Handschuh."

Lehrerin: „Woran können wir sehen, dass die Erde rund ist?"
Schülerin: „Am Globus natürlich."

Worin besteht der Unterschied zwischen einem Schüler und einem Teppich?
Der Schüler steht um sieben Uhr auf, der Teppich bleibt liegen.

Warum trägt der Lehrer im Unterricht eine Sonnenbrille?
Weil er so glänzende Schüler hat!

„Hubert", fragt der Lehrer, „wenn du 34 Äpfel hast und ich nehme einen weg, was macht das?"
„Das macht doch überhaupt nichts, Herr Lehrer!"

Fritzchen fragt die Biolehrerin: „Was ist rot und klebt an der Scheibe?"
Sie überlegt, weiß aber die Antwort nicht.
Fritzchen: „Ein Saugnapfel!"

Lehrer: „Um wie viel ist der Amazonas länger als der Nil?"
Schüler: „Um fünf Buchstaben!"

Eine Frage für gute Physikschüler: Ein Auto fährt durch eine Linkskurve. Welches Rad dreht sich nicht?
Das Reserverad.

Warum isst Biolehrer Butterkopf keine sauren Gurken?
Weil er mit dem Kopf nicht in das Glas reinkommt.

Was hat Blätter und einen Rücken, ist aber keine Pflanze und kein Tier?
Das Buch.

Lehrer: „Oskar, kannst du mir eine Stadt in Italien nennen?"
Schüler: „Ja, Herr Lehrer, welche denn?"

Welchen Wurm findet man in der Schule?
Den Bücherwurm.

Warum isst Lehrerin Knallkopf in der Pause den
Salat immer mit dem Löffel?
Weil ihr bei einer Gabel die Raupen durchfallen
könnten.

„Nun beweise mir mal, dass die Erde rund ist
und sich um sich selbst dreht!", fordert die
Lehrerin Marlene auf.
„Entschuldigen Sie, aber das habe ich nie
behauptet!"

Fragt die Lehrerin: „Warum steht die Freiheitsstatue im New Yorker Hafen?"
Ein Schüler: „Weil sie sich nicht setzen kann."

Eine Frage für gute Bioschüler: Wer kommt schon mit grauen Haaren zur Welt?
Der Esel.

Der Lehrer fragt: „Wo wurde der Friedensvertrag von 1918 unterschrieben?"
Nach längerem Nachdenken antwortet Ferdinand: „Unten rechts!"

Der Lehrer fragt: „Wer weiß, wo Bordeaux liegt?"
Paul ruft: „In Papas Weinkeller!"

Wer kann höher springen als die Schule?
Jeder. Die Schule kann nicht springen.

Welches Wort ist gleich auch ein ganzer Satz?
Das Sprichwort.

Ole kommt weinend zum Lehrer: „Herr Lehrer, Marco hat mein Frühstücksbrot runtergeworfen!"
Fragt der Lehrer: „Mit Absicht?"
„Nein, mit Käse."

Der Lehrer fragt im Erdkundeunterricht: „Wo kann man die Zugspitze finden?"
„Am Bahnhof", antwortet ein Schüler.

Was ist auf jeden Fall eine falsche Behauptung? Eine Perücke.

„Habt ihr einen neuen Lehrer?"
„Nein, den haben wir gebraucht bekommen."

Biolehrer Butterkopf fragt: „Welche Hähne krähen nicht?"
Paul: „Die Wasserhähne."

„Was ist Wind?", fragt der Lehrer.
Stella weiß die Antwort: „Das ist Luft, die es sehr eilig hat."

Frage des Lehrers: „Wie heißen die Bewohner von New York?"
Ruft Rüdiger nach vorne: „Woher sollen wir das bei so vielen Leuten wissen?"

Eine Frage für gute Bioschüler: Welche Art der Unterhaltung ist bei Kühen besonders beliebt? Muh-sikalische.

Was ist der Unterschied zwischen einem Stuhl und einem Kaktus?
Setz dich mal drauf – dann weißt du es.

Der Lehrer fragt: „Wie entsteht Tau?"
„Die Erde dreht sich so schnell, dass sie dabei ins Schwitzen kommt."

Der Lehrer schimpft: „Das Einmaleins muss wie aus der Pistole geschossen kommen! Luise, wie viel ist zwei mal zwei?"
Luise: „Peng, peng, peng, peng!"

Warum lackiert Lehrerin Knallkopf ihre Fußnägel lila, orange und grün?
Damit sie sich in einer Smarties-Schachtel verstecken kann.

Lehrer: „Warum kann ich behaupten, dass diese drei Punkte auf einer Geraden liegen?"
Schüler: „Weil Sie der Lehrer sind."

Wie wird ein Lehrer mit fünf Kindern genannt?
Papa.

Eine Frage für gute Erdkundeschüler: Welche Steine findest du im Rhein am häufigsten? Nasse Steine.

Warum geht die Putzfrau der Schule am Samstag mit Eimer und Lappen an die Küste?
Sie möchte den Meeresspiegel putzen.

„Wie viel ist sieben mal sechs?"
„Keine Ahnung, die Batterien in meinem Taschenrechner sind leer."

Eine Frage für gute Bioschüler: Warum enthält Milch auch Fett?
Damit die Euter beim Melken nicht quietschen.

„Unser Lehrer weiß auch nicht, was er will", flüstert Darian dem Johann ins Ohr. „Gestern hat er gesagt: Fünf und fünf ist zehn! Heute behauptet er, sechs und vier wäre zehn."

Warum ist der Elektriker so oft bei Rektor Rührig?
Weil er immer mit dem Hammer das Licht
ausmacht.

Der Lehrer: „Mick, hier siehst du einen Spatz
und einen Buchfink. Sag mir bitte, welches der
Buchfink ist."
„Einfach. Das ist der Vogel neben dem Spatz."

Was gehört dir, obwohl deine Lehrerinnen und Lehrer es häufiger benutzen als du?
Dein Name.

Woran erkennst du, dass Rektor Rührig im
Kühlschrank war?
An den Fußspuren in der Butter.

Eine Frage für gute Bioschüler: Welches Tier ist das stärkste?
Die Schnecke. Sie trägt ihr eigenes Haus.

Warum verstehen sich Lehrer Glatzkopf und Rektor Kahlschädel so gut?
Weil sie sich nicht in die Haare bekommen können.

Warum nimmt Lehrerin Knallkopf abends immer ein Maßband mit ins Bett?
Damit sie morgens nachmessen kann, wie tief sie geschlafen hat.

Was ist der Unterschied zwischen einem Schulbuch und einer Klopapierrolle?
Ein Schulbuch kannst du gebraucht kaufen.

Auf welche Frage kann kein Schüler mit ‚Ja‘ antworten?
Schläfst du etwa?

Auf welche Frage kann kein Schüler mit ‚Nein‘ antworten?
Hörst du mich?

„Wieso fliegen viele Vögel im Winter immer in den Süden?", fragt der Lehrer.
Ein Schüler meldet sich: „Weil sie die weite Strecke nicht laufen wollen?"

„Niklas, nenne mir fünf Dinge, die Milch enthalten."
„Käse, Quark, Joghurt, Schokolade und ... äh ... Kühe."

Warum hat Biolehrer Butterkopf so oft ein blaues Auge?
Weil er beim Teetrinken vergisst, den Löffel aus der Tasse zu nehmen.

„Wer kann mir denn sagen, zu welcher Familie der Blauwal gehört?", fragt die Lehrerin.
Da meint Fritzchen: „Ich kenne keine Familie, die einen Blauwal hat!"

Was macht Rektor Rührig, wenn er tiefer schlafen will?
Er sägt die Beine seines Bettes ab.

Carl liegt mit Grippe im Bett. Der Arzt untersucht ihn. Fragt Carl: „Bitte, Herr Doktor, ich kann die Wahrheit vertragen, wann muss ich wieder zur Schule?"

Schüler: „Meine Mutter macht alles falsch. Am Abend, wenn ich putzmunter bin, muss ich ins Bett, und am Morgen, wenn ich todmüde bin, da muss ich aufstehen."

Eine Frage für gute Reli-Schüler: Wie viele Tiere nahm Moses mit in die Arche?
Was hatte Moses mit der Arche zu tun? Das war Noah!

Karlchen betet: „Lieber Gott, du kannst ja alles, darum mache Rom zur Hauptstadt von Frankreich, denn das habe ich heute im Erdkundetest geschrieben."

In der Schule fragt der Lehrer, warum die Giraffe einen so langen Hals hat. Moritz weiß die Antwort: „Weil der Kopf so hoch oben ist!"

„Welches ist das einzige Lebewesen, vor dem der Löwe Angst hat?", will die Lehrerin wissen.
Matti: „Die Löwin!"

Warum findet Sportlehrer Schweißfuß es so praktisch, wenn seine Schüler Fieber haben?
Weil sie sich dann nicht mehr warmlaufen müssen.

Fragt der Chemielehrer die Schüler: „Was passiert mit Gold, wenn man es an der frischen Luft liegen lässt?"
Antwortet ein Schüler: „Es wird geklaut!"

Noch eine Frage für gute Bioschüler: Warum summen die Bienen?
Weil sie den Text vergessen haben.

Der Lehrer erklärt: „Nichts ist flüssiger als Wasser."
„Doch die Hausaufgaben", sagt Lotte.
„Warum?", fragt der Lehrer.
„Sie sind überflüssig", antwortet Lisa.

Eine Frage für die große Pause: Was wird aus Anna, wenn sie in den Regen kommt?
Ananas.

Warum hebt Rektor Rührig immer die Tür aus den Angeln, wenn er zur Toilette geht?
Damit keiner durchs Schlüsselloch gucken kann.

Unterhalten sich zwei Schüler. Sagt der eine: „Musst du auch immer vor dem Essen beten?"
Sagt der andere: „Nein, meine Mutter kocht ganz gut!"

Eine Frage für gute Bioschüler: Was läuft und läuft und kommt nie an?
Eine Uhr.

Wartender in der Warteschlange einer Schulmensa: „Hey, du musst dich hinten anstellen."
Schüler: „Geht nicht, da steht schon einer."

Die Gespensterlehrerin schimpft: „Du sollst spuken, nicht spucken!"

Eine Frage für den Elternabend: Welche Mutter hat keine Kinder?
Die Schraubenmutter.

Frieda fragt ihre Freundin: „Wie stellst du dir die ideale Schule vor?"
„Geschlossen!"

Was benutzt man zum Rechnen, Schreiben und Schneiden?
Taschenrechner, Stift und Schere.

Eine Frage für die Schulmensa: Wie viele Scheiben Brot kannst du auf leeren Magen essen?
Eine. Danach ist er nicht mehr leer.

Biolehrer Butterkopf hat vier Söhne. Jeder Sohn hat eine Schwester. Wie viele Töchter haben die Butterkopfs?
Eine.

Eine Frage für gute Sportschüler: Wer fällt, ohne sich zu verletzen?
Der Schnee.

Lehrer: „Wie ist Ihr Name?"
Schüler: „Mein Name ist Lang."
Lehrer: „Gut! Dann buchstabieren Sie!"

Warum stellt Lehrerin Löffelrülps immer ein paar leere Flaschen in den Kühlschrank?
Damit sie auch den Besuchern etwas anbieten kann, die nichts trinken wollen.

> Was fliegt durch die Schule und ruft: „Mmus, mmus, mmus"?
> Eine Biene im Rückwärtsgang.

Was ist das: Es funktioniert nur, wenn es voll ist, hat aber trotzdem viele Löcher?
Der Tafelschwamm.

> Die Lehrerin: „Warum schreibst du so schnell?"
> Leni antwortet: „Weil meine Tinte gleich leer ist."

Lehrer: „Kinder, kommt weg vom offenen Fenster. Wenn einer rausfällt, will es nachher wieder keiner gewesen sein."

„Karlo, hast du die Masern so schlimm gehabt wie dein Bruder?"
„Viel schlimmer!", stöhnt Karlo.
„Ich hatte sie in den Ferien!"

Die Lehrerin zu Karlchen: „Karlchen, man bohrt nicht mit dem Zeigefinger in der Nase!"
„Mit welchem dann?", fragt Karlchen.

Lehrer: „Meine Frage macht dir wohl Schwierigkeiten?"
Schüler: „Überhaupt nicht. Nur die Antwort!"

Lehrerin: „Weißt du, was ‚neun' auf Englisch heißt?"
Ina: „Nein."
Lehrerin: „Sehr gut!"

Schüler: „Herr Lehrer, dürfen wir heute etwas eher gehen, weil es doch so viel geschneit hat?"
Lehrer: „In Ordnung, aber keine Minute früher."

Lehrer: „Bist du nicht der Janislowanski?"
Schüler: „Nein! Mein Name ist Müller."
Lehrer: „Ach ja, diese beiden Namen verwechsle ich immer."

„Herr Lehrer, haben Blaubeeren eigentlich Beine?"
„Natürlich nicht."
„Oh, dann habe ich eben einen Mistkäfer gegessen."

DIE BESTEN
SCHÜLERSPRÜCHE

Bildung ist wissen, wo es steht.

Wenn alles schläft und einer spricht, nennt man dieses Unterricht.

In der Schule komme ich mir vor wie beim Polizeiverhör. Ich werde dauernd gefragt und weiß von nichts.

Spieglein, Spieglein im Regal, die Schule ist mir pupsegal.

Dumm geboren, nichts gelernt und die Hälfte vergessen.

Lieber eine Stunde Schule als überhaupt keinen Schlaf.

Schule ist cool! Nur die Stunden zwischen den Pausen nerven.

Viele können denken, aber den meisten bleibt es erspart.

Was haben eine Wolke und ein Lehrer gemeinsam? Wenn sie sich verziehen, wird es schön!

Am lautesten werden die Lehrer,
wenn sie „Ruhe!" brüllen.

Warum kann man nie zwei Tage hintereinander lernen?
Es liegt eine Nacht dazwischen.

Die ewige Weisheit eines Mathematiklehrers: „Ein Kreis muss immer rund sein,
auch an den Ecken."

Wechselt der Lehrer zu Ostern die Socken, wird das Frühjahr eher trocken.

Manche Lehrer haben eine Meise,
weil sie glauben, ein Star zu sein.

Unser Schwimmlehrer hat eine
chlorreiche Vergangenheit.

Abschreiben oder abschreiben lassen,
das ist hier die Frage.

Das Hirn ist keine Seife, es wird nicht weniger,
wenn man es benutzt.

Meine Lehrer haben keine Ahnung.
Dauernd fragen sie mich.

Je zwölfer der Mittag, desto knurrer
der Magen.

Schwach anfangen und dann
stark nachlassen.

Nichts wissen ist besser als alles besser wissen.

Dummheit ist eine natürliche Begabung.

Während Gott ruhte, schuf der Teufel die Lehrer.

Auweia, wie viele Schülerwitze gibt es eigentlich über Lehrer?
Keinen einzigen, das sind alles wahre Geschichten.

Sagt die Null zur Acht: „Schicker Gürtel!"

Treffen sich eine Neun und eine Sechs. Sagt die Neun: „Hey, wieso machst du einen Kopfstand?"

Wie bringst du das Gehirn deines Lehrers auf
Erbsengröße?
Einfach aufblasen!

Warum schwimmen Sportlehrer immer
auf dem Rücken?
Damit die Turnschuhe nicht nass werden.

Die letzten Worte eines Sportlehrers:
„Alle Speere zu mir!"

Wer in der Schule nicht den Verstand
verliert, der hat gar keinen.

Dem Schulstress kannst du nur entgehen,
vermeidest du es aufzustehen.

Was ist der Unterschied zwischen
einer Schule und einem Irrenhaus? –
Die Telefonnummer.

Hast du Zahnpasta im Ohr, kommt dir
alles leiser vor.

Die Nase ist die Bohrinsel
des kleinen Mannes.

Am Vormittag hat der Lehrer recht,
am Nachmittag frei.

Weg mit der Kreide – unsere Tafel
soll sauber bleiben!

Es sind immer die Schüler, die in der
Tinte sitzen.

Warum in meinem Zimmer alles auf dem Boden rumliegt? Tja, ich würde mal sagen: Schwerkraft ...

Ich bin nicht faul, ich bin im Energiesparmodus!

Manche Leute reagieren verwirrt, wenn ein Satz nicht so endet, wie sie es Kartoffelsalat.

Spruch auf dem Schulklo:
Wer das liest, kann lesen.

Morgensport ist, wenn ich dem Schulbus nachlaufe.

„Sie hören von meinem Anwalt!" ist die Erwachsenen-Version von „Das sag ich meiner Mama!"

Schokolade ist Gottes Entschuldigung für Brokkoli.

Reden ist Silber, Ausreden sind Gold!

NIX ZU LACHEN – HEUTE IST ZEUGNISTAG!

Eine Mutter fragt ihre Tochter: „Wo hast du denn dein Zeugnis?"
Das Kind antwortet: „Das habe ich Marie mitgegeben. Sie will damit ihre Eltern erschrecken!"

„Ich kann einfach nicht glauben, dass meine Tochter im Rechnen wirklich eine Sechs verdient hat", beschwert sich die Mutter beim Lehrer.
„Ich auch nicht", antwortet dieser, „aber es ist nun mal die schlechteste Note, die ich vergeben kann."

Der Sohn zum Vater: „Papa, wir haben Glück gehabt."
„Wieso?"
„Du brauchst mir dieses Jahr keine neuen Schulbücher kaufen."

Die Mutter ärgerlich zu ihrem Sohn: „Was ist denn das? Eine Fünf in Betragen? Nimm dir ein Beispiel an deinem Vater. Der ist wegen guten Betragens vorzeitig aus dem Gefängnis entlassen worden."

„Herr Lehrer, ich will Ihnen ja keine Angst machen",
sagt der Schüler kurz vor den Ferien, „aber mein
Vater meinte gestern, wenn ich ein schlechtes
Zeugnis mit nach Hause brächte, dann könnte sich
jemand auf was gefasst machen."

> Karl zeigt sein Zeugnis dem Vater. Der ist
> entsetzt und meint: „Ich werde wohl mit dem
> Lehrer reden müssen!"
> Begeistert antwortet Karl: „Das ist gut so,
> sonst macht der immer so weiter!"

Leopold kommt aus der Schule und sagt zum Vater:
„Hier ist mein Zeugnis. Und was ich noch sagen
wollte: Fernsehen gucken macht sowieso keinen
Spaß mehr."

> Ein halbwüchsiger Junge zu seinem Vater:
> „Hier ist mein Zeugnis. Und hier eine von mir
> zusammengestellte Liste renommierter Un-
> ternehmer, die nie das Abitur gemacht haben."

Bestürzt fragt der Vater den Lehrer: „Gibt es keine Möglichkeit, meinen Sohn doch noch zu versetzen?" Der Lehrer: „Leider nicht. Mit dem, was ihr Sohn nicht weiß, können noch zwei andere Schüler sitzenbleiben!"

Der Vater will seinen Sohn zu besseren Leistungen in der Schule anspornen: „Für eine Eins gebe ich dir fünf Euro."
Da sagt der Sohn: „Fangen wir doch mal klein an: Gib mir für eine Fünf doch erst mal einen Euro."

Anton kommt von der Schule nach Hause. „Papa", sagt er, „heute hast du dir ein Fahrrad verdient." „Wieso denn das?", fragt sein Vater erstaunt. „Du hast mir doch ein Fahrrad versprochen, wenn ich in die nächste Klasse versetzt werde. Du kannst es behalten!"

Nach der Schule nimmt der Vater Ole beiseite und meint: „Hör mal, Ole, dein Lehrer macht sich ernsthaft Sorgen wegen deiner schulischen Leistungen. Was sagst du dazu?"
„Ach Papa, seit wann kümmern uns denn die Sorgen anderer Leute?"

Die Mutter knöpft sich ihren Sohn Max vor: „Noch vor Kurzem hast du mir erzählt, du würdest im Zeugnis fünf Einser haben. Und jetzt steht hier eine dicke Fünf, aber kein einziger Einser ist mit dabei!" Seufzt Max: „Hätte ich denn wissen können, dass der Lehrer die Einser zusammengezählt hat?"

Der Sohn eines Fußballers bringt sein Zeugnis heim: „Stell dir vor, Papa: Mein Vertrag mit der dritten Klasse ist verlängert worden!"

„Sag mal, Papa, kannst du deinen eigenen Namen ganz schnell schreiben?"
„Aber sicher, mein Sohn."
„Und kannst du das auch mit geschlossenen Augen?"
„Natürlich."
„Gut. Dann mach jetzt fest die Augen zu und unterschreib ganz schnell mein Zeugnis."

Der Lehrer sagt: „Ferdinand, wenn du mit diesem Zeugnis nach Hause kommst, wird dein Vater sicher graue Haare bekommen." Ferdinand antwortet: „Da wird er sich aber freuen, er hat nämlich schon seit Jahren eine Glatze!"

Vater: „Das schönste Geburtstagsgeschenk für mich wäre, wenn du endlich ein guter Schüler würdest."
Sohn: „Zu spät. Ich habe dir dein Geburtstagsgeschenk schon gekauft."

Vater zum Sohn: „Deine Lehrerin rief gerade an und schimpfte, dass es unmöglich wäre, dir etwas beizubringen!"
„Siehst du! Ich habe dir gleich gesagt, dass sie nichts kann."

„Wenn du es schaffst, in die nächste Klasse zu kommen, machen wir eine schöne Reise miteinander", verspricht der Vater seinem Sohn.
Dieser freut sich, beugt aber gleich vor: „Nun ja, Vati, aber zu Hause ist es doch auch ganz schön."

Der Vater ist sehr von Darian enttäuscht: „Ich hatte dir sogar ein Auto versprochen, wenn du das Abitur bestehst, und dennoch bist du jetzt durchgefallen. Was hast du nur die ganze Zeit getan?"
„Ich habe den Führerschein gemacht."

Sohn zur Mutter: „Mami, ich hab eine gute und eine schlechte Nachricht!"
Darauf die Mutter: „Zuerst die gute!"
„Die Schule ist heute abgebrannt!"
„Was ist dann erst die schlechte?"
„Die Zeugnisse konnten noch gerettet werden."

Die Lehrerin fragt Theo: „Und, was hat dein Vater zum Zeugnis gesagt?"
„Soll ich die schlimmen Wörter weglassen?"
„Ja, bitte."
„Also, dann hat er nichts gesagt."

Nach der Schulstunde geht Anna zu ihrem Lehrer: „Mein Vater hat mir 50 Euro versprochen, wenn ich ein gutes Zeugnis nach Hause bringe. Ich schlage vor, Sie schreiben ein paar gute Noten und wir teilen den Zaster!"

Max zeigt seinem Vater das Zeugnis: „Blöde Lehrerin. Immer meckert sie, dass sie meine Schrift nicht lesen kann. Dabei sehen ihre Einser doch genauso aus wie Vierer!"

„Dein Zeugnis gefällt mir überhaupt nicht, Tanja!"
„Mir auch nicht, Papa. Aber es ist doch schön, dass wir den gleichen Geschmack haben!"

Fritzchen bekommt in der Schule immer schlechte Noten. Als er von der Schule zurückkommt, sagt er zu seiner Mutter:

„Ich habe eine gute Nachricht und eine schlechte."

„Die gute zuerst", bittet ihn die Mutter.

Fritzchen sagt: „Ich habe eine Eins bekommen."

Die Mutter ist begeistert: „Toll und jetzt die schlechte Nachricht!"

Fritzchen: „Das war ein Witz."

„Leonhard", sagt der Vater ungehalten, „ich sehe in deinem Zeugnis lauter Fünfen und nur eine Vier in Deutsch. Kannst du mir das erklären?"

„Klar Papi, ich hab mich eben in Deutsch verdammt angestrengt!"

Es hat die Abschlusszeugnisse gegeben und Julius kommt strahlend nach Hause.

„Mutti", sagt er, „du kannst heute stolz auf mich sein!"

„Das ist schön, dann bist du also doch versetzt worden?"

„Nein, das gerade nicht. Aber von allen, die durchgefallen sind, bin ich der Beste."

Der Lehrer gibt Maren ihr Zeugnis und fragt:
„Nun, Maren, warum nannte ich dich einen kleinen Dummkopf?"
„Weil ich noch nicht so groß bin wie Sie, Herr Lehrer."

Der Lehrer gibt Holger sein Zeugnis und schimpft:
„Ich hoffe, dass ich dich im nächsten Schuljahr nicht noch einmal beim Abschreiben erwische, Holger!"
„Das hoffe ich auch, Herr Lehrer."

Bei der Zeugnisvergabe spricht der Lehrer Ricki auf seine Fehlstunden an.
„Du kommst ja fast nie zur ersten und zweiten Stunde! Hast du keinen Wecker?", fragt er.
„Doch", antwortet Ricki, „aber wenn der klingelt, schlafe ich meistens noch."

„Mensch, Emma, dein Zeugnis lässt wirklich zu wünschen übrig."
„Schön, dann wünsche ich mir ein Pony!"

„Auch wenn ihr gute Noten auf euren Zeugnissen habt, Kinder, merkt euch eins", sagt der Lehrer, „Eigenlob stinkt!"
„Herr Lehrer, neben mir hat sich gerade jemand selbst gelobt."

Mitten in die Zeugnisvergabe platzt Fritz herein und geht wortlos zu seinem Platz.
„Kannst du mich denn nicht grüßen, wenn du ins Zimmer kommst?!", ärgert sich die Lehrerin.
„Würde ich ja gern", sagt der freche Fritz, „aber ich weiß nicht, von wem."

Der Lehrer schaut skeptisch auf Lennards Zeugnis.
„Wie heißen deine Eltern mit Vornamen, Lennard?"
Lennard: „Schatzi und Dicker."

Bei der Zeugnisvergabe fragt die Lehrerin Elisabeth: „Was möchtest du später einmal werden?"
„Wenn ich hübsch bin, gehe ich zum Film, wenn ich hässlich bin, werde ich Lehrerin!"

Paulchen schläft, während der Lehrer die Zeugnisse verteilt.
Der Lehrer weckt ihn: „Ich kann mir nicht vorstellen, dass das der richtige Platz zum Schlafen ist!"
Darauf antwortet Paulchen freundlich: „Ach, es geht schon. Sie müssen nur etwas leiser sprechen!"

„Jasmin, hol dir sofort dein Zeugnis bei mir ab!"
„Herr Lehrer, Jasmin fehlt heute."
„Ruhe! Jasmin soll gefälligst selbst antworten."

Marlene liest sich die Bemerkungen auf Tims Zeugnis durch und fragt: „Wie schaffst du es eigentlich immer, an einem einzigen Tag so viel Mist zu bauen?"
„Ganz einfach", antwortet Tim. „Ich stehe ganz früh auf."

„Warum ist deine Schwester heute nicht in der Schule und holt sich ihr Zeugnis ab?"
„Weil sie eine Wette gewonnen hat."
„Welche Wette denn?"
„Wir haben gewettet, wer sich von uns beiden am weitesten über das Balkongeländer beugen kann!"

Der Lehrer schaut besorgt auf Florians Zeugnis und fragt: „Florian, was willst du denn mal werden?"
„Nichts", antwortet er, „ich heirate die Omi, dann hab ich gleich die Rente."

Am Zeugnistag fragt die Mutter ihren Sohn gespannt: „Wie steht es mit den Fremdsprachen?"
Strahlt der: „Gut, außer der deutschen sind mir alle Sprachen fremd!"

WITZE AUS HOGWARTS UND ANDEREN ZAUBERSCHULEN

Fragt der kleine Remus: „Mami, Mami, gibt's eigentlich Werwölfe?"
Antwortet Mama Lupin: „Unsinn, und jetzt geh und
kämm dein Fell!"

Woran merkst du, dass sich ein Riese unter
deinem Bett versteckt hat?
Du stößt mit der Nasenspitze an die
Zimmerdecke.

Wieso geht der Werwolf früh ins Bett?
Er ist hundemüde.

Worauf reitet Madame Hooch im Winter?
Auf dem Schneebesen.

Warum wird die Maulende Myrte so oft mit einem
Seehund verwechselt?
Keine Ahnung, aber der Seehund hat sich auch
schon beschwert.

Snape geht durch Bayern, er hört einen Zaube-
rer sagen: „Seht mal, da kommt Servus Snape."
Sagt Snape wütend: „Ich heiße Severus Snape!"

Wann haben Hogwarts-Schüler vier Beine?
Wenn sie zu zweit sind.

Warum stellt Hagrid bei einer Party immer
leere Flaschen hin?
Falls jemand KEINEN Durst hat.

Der fünfjährige Rubeus Hagrid kommt mit pitsch-
nassen Haaren ins Wohnzimmer, um seinem Vater
gute Nacht zu sagen. Der fragt: „Ist es wirklich nötig,
dass du den Fischen immer einen Gutenachtkuss
gibst?"

„Mama, Mama, unsere Lehrerin weiß gar nicht,
was ein Troll ist!"
„Wie kommst du denn darauf?"
„Ich habe im Kunstunterricht einen gemalt,
und sie hat gefragt, was das ist."

Was ist blass, hat fettige Haare, einen schwarzen Umhang und acht Räder?
Severus Snape auf Inlineskates.

Harry darf heute bei seinem Freund Ron übernachten, aber er fürchtet sich ein bisschen und fragt Ron: „Du, Ron, wenn ein Vampir käme, was würdest du dann machen?"
Ron: „Ich würde Knoblauch essen und ihn anhauchen."
Harry: „Und wenn den Vampir das nicht stört?"
Ron: „Dann würde ich ihm ein Kreuz entgegenhalten."
Harry: „Und wenn ihm das auch egal ist?"
Ron: „Dann spucke ich ihm Weihwasser ins Gesicht."
Harry: „Und wenn ihm das nichts ausmacht?"
Ron: „Sag mal, Harry, zu wem hältst du eigentlich – zu mir oder zu dem Vampir?"

Draco Malfoy begrüßt den Papagei Coco: „Hallo, Coco!"
Papagei: „Hallo, Coco!"
Draco: „Äffst du mich nach?"
Papagei: „Äffst du mich nach?"
Draco: „Hör auf damit!"
Papagei: „Hör auf damit!"
Draco: „Ich bin hässlich und doof!"
Papagei: „Ja, das stimmt!"

Mrs. Weasley bringt ihre fünfjährigen Zwillinge Fred und George ins Bett. Der eine lacht und lacht, da fragt die Mutter: „Warum lachst du denn so?"
„Du hast Fred zweimal gebadet und mich gar nicht!"

Kommt ein kleines Slytherin-Mädchen in die Zoohandlung. Sie lächelt den Zoohändler an und sagt: „Ich würde gern ein Kaninchen kaufen."
Sagt der Zoohändler: „Möchtest du lieber dieses kleine braune mit den großen Augen oder dieses flauschige weiße?"
„Ich denke, das ist meiner Schlange egal ..."

Die Lehrerin Dolores Umbridge bekleckert sich mit Tomatensoße.
„Oh, nein", ruft sie verärgert, „ich seh ja aus wie ein Schwein!"
„Und bekleckert sind Sie auch noch", sagt Ron.

Die Wahrsagen-Lehrerin schaut in ihre Kristallkugel und sagt zu Ron: „Jetzt sehe ich deine Mutter!"
Ron fragt erschrocken: „Und, was sagt sie?"
„Nichts."
„Dann kann das nicht meine Mutter sein!"

Trifft ein Hufflepuff-Schüler einen anderen und murmelt: „Ich glaube, dieses Gesicht habe ich schon mal irgendwo gesehen …"
Sagt der andere: „Kann ich mir nicht vorstellen, ich trage es eigentlich immer an derselben Stelle."

Sagt Hermine zu Neville: „Dein Mund ist offen!"
Antwortet Neville: „Weiß ich, hab ich ja selbst aufgemacht."

In der Schule der magischen Tiere kämpfen zwei Riesenschlangen miteinander. Sagt plötzlich die eine: „Ich gebe auf. Sag schon, wer hat dir den Seemannsknoten beigebracht?"

Läuft ein mächtiger Braunbär durch den verbotenen Wald hinter der Zauberschule und schreit: „Kugel! Kugel!! Kugel!!!"
Ein anderer Bär fragt ihn: „Warum schreist du die ganze Zeit Kugel?"
„Weil ich ein Kugelschreibär bin!"

Im Schulfach ‚Pflege magischer Geschöpfe' fragt der Lehrer: „Fred, kannst du mir ein giftiges Tier aus Südamerika nennen?"
Fred: „Ja, klar, welches hätten Sie denn gerne?"

Sagt die Schulkrankenschwester zu Ginny: „Dein Husten hört sich aber schon viel besser an."
„Kein Wunder, ich übe ja auch Tag und Nacht!"

Warum stürzt die Schulmauer ein, wenn die Dumpfbacken Crabbe und Goyle sich dagegenlehnen?
Der Klügere gibt nach.

Was ist der Unterschied zwischen Lord Voldemort und Pinocchio?
Pinocchio hat eine Nase.

Unterhalten sich zwei Schüler.
Draco: „Du hast ja eine Brille, Goyle! Kurzsichtig oder weitsichtig?"
Goyle: „Durchsichtig."

Frage an alle Fans von magischen Tieren:
Was frisst gerne Möhren, hat lange Ohren und
hält das Haus warm?
Ein Kaminchen.

Harry muss zur Schulkrankenschwester und begrüßt sie freundlich: „Hallo, Madam Pomfrey, Sie
sehen aber heute sehr gut aus!"
Madam Pomfrey: „Vielen Dank, Harry, was fehlt dir
denn?"
Harry: „Ich sehe heute alles ganz verschwommen
und verzerrt!"

Was sagte die Schulkrankenschwester, als ein
Skelett zu ihr in den Krankenflügel kam?
„Zu spät, mein Lieber!"

Der Wildhüter findet auf dem Schulgelände einen
verletzten Käfer und fragt ihn besorgt: „Was ist dir
denn passiert?"
Antwortet der Käfer: „Ich war auf dem Rückweg von
einer Party, da habe ich ein süßes Glühwürmchen
gesehen. Und als ich sie umarmen und küssen wollte, merkte ich, dass es ein Zigarettenstummel ist ..."

Die Zauberschüler Crabbe und Goyle fliegen auf
ihren Besen eine Straße entlang.
Crabbe: „Vorsicht, da kommt eine LaTENG!"
Goyle: „Hihi, da hast du wohl nicht aufgePENG!"

Was isst eine beleidigte Hexe zum Frühstück?
Ein Schmollkornbrot.

Welches magische Tier kann am besten rechnen?
Der Oktoplus.

Was gräbt die Erde im Schulgarten um und ist
schnell außer Atem?
Die Schnaufel.

Wie kann man Crabbe und Goyle im Unterricht
stundenlang beschäftigen?
Man gibt ihnen ein Blatt, auf dem „Bitte wenden!"
steht.

Mrs. Weasley fragt ihre Zwillinge, welcher neue
Zauber ihnen in diesem Schuljahr am besten
gefallen hat.
Fred: „Der Explosionszauber!"
Mrs. Weasley: „Und was lernt ihr nächstes Jahr
in der Schule?"
George: „Welche Schule?"

Warum können Geister nicht lügen?
Weil sie so leicht zu durchschauen sind.

Fragt ein Zauberschüler den anderen: „Heulst du etwa?"
Der andere schüttelt den Kopf und sagt: „Nein, neben mir steht Harry Potter im Tarnumhang und schneidet Zwiebeln."

Was ist grün und hämmert gegen die Schultür?
Ein Klopfsalat.

Die Schüler aus der Schule der magischen Tiere beobachten eine magische Robbe, die gerade schwimmt und Kunststücke zeigt.
Fragt ein Schüler den anderen: „Warum schwimmen Robben eigentlich immer im Salzwasser?"
Meint der andere: „Weil sie im Pfefferwasser ständig niesen müssten."

Zwei Regenwurmkinder sehen die große Schlange Nagini und sagen aufgeregt zu ihrer Mutter: „Schau mal, Mami, das ist aber eine große Frau!"

Warum hat Lord Voldemort rote Augen?
Damit er sich besser im Kirschbaum verstecken kann.

Frage für den Speisesaal: Wie heißt das Reh
mit Vornamen?
Kartoffelpü.

Wie nennt man einen Kindergarten, in den die Kinder schwarzer Magier gehen?
Voldehort.

Was ist das, wenn zwei dumme Zauberschülerinnen sich Strohballen zuwerfen?
Gedankenaustausch.

Im Schulgarten lädt Hagrid eine große Schubkarre
Pferdemist ab.
„Was will er denn damit?", fragt Ron fassungslos.
Neville antwortet: „Das kommt auf die Erdbeeren!"
Ron: „Im Ernst? Wir machen da immer Sahne drauf!"

Was ist bunt und rennt aus der Schule?
Ein Fluchtsalat.

In welchem Raum haben die magischen
Chamäleons Sportunterricht?
In der Tarnhalle.

Wer lebt im Dschungel und schummelt bei der
Klassenarbeit?
Mogli.

Warum liegen alle Bienen stumm auf der Wiese am See?
Weil Summerferien sind.

Was ist weich, süß und nicht sehr schlau?
Das Dummibärchen.

Hexen, aufgepasst: Wer nimmt immer einen Besen mit zum Unterricht?
Der Klassenkehrer.

Puh, wer müffelt denn da in Hermines Stiftemäppchen?
Der Anschwitzer.

Was gehört Fred oder George, mag keinen Bleistift und hüpft aufgeregt durchs Klassenzimmer?
Ein Radierflummi.

Wer ist nass, schuppig und gibt den besten Schwimmunterricht?
Die Lehrjungfrau.

Wer liegt jammernd in Rons Farbkasten?
Der Winsel.

> Ole sitzt zu Hause und sieht, wie ein Vogel
> gegen die Scheibe fliegt.
> Die Mutter: „Oh nein, vielleicht hat er sich
> verletzt."
> Ole: „Das ist bestimmt mein Hogwarts-Brief!"

Was ist voller Zahlen und kuschelig weich?
Das Wattebuch.

> Wer sitzt im Geschirrschrank der Zauberschule
> und unterrichtet?
> Der Tassenlehrer.

Frage an alle Fans von magischen Tieren: Was ist groß, braun und schreibt undeutlich?
Der Kritzlibär.

Wer sitzt im verbotenen Wald auf einem Ast und weint?
Die Heule.

Und wer sitzt mit Kopfschmerzen einen Baum weiter und weint?
Die Beule.

Frage an Professor McGonagall: Wo wohnen Katzen am liebsten?
Im Miezhaus.

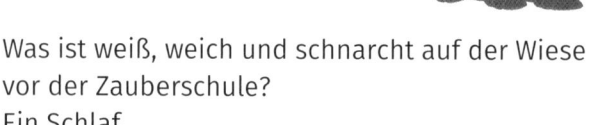

Was ist weiß, weich und schnarcht auf der Wiese vor der Zauberschule?
Ein Schlaf.

Welches magische Tier lebt unter Wasser und
sieht alles doppelt?
Das Schielpferd.

Was ist schwarz, zäh und flattert nachts um die
Türme von Hogwarts?
Eine Ledermaus.

Was ist gefährlich, hat kurze Arme und immer
einen Zauberstab dabei?
Ein Tyrannosaurus hex.

Was ist grün, grinst und hüpft über die Schulwiese?
Eine Freuschrecke.

Wer ist schuppig, giftig und redet pausenlos?
Die Plapperschlange.

Bei einer Reise nach Frankreich geht Familie Weas-
ley essen.
„Wir sind berühmt für unsere Schnecken", sagt der
Kellner stolz.
„Das glaube ich", erwidert Mrs. Weasley genervt.
„Eine von ihnen hat uns die Getränke gebracht."

Welches magische Tier hat Krallen, ein gefleck-
tes Fell und ist immer dagegen?
Der Neinguar.

Welches Tier ist schwarz-weiß gestreift und berührt auch ohne Schwebezauber nicht den Boden?
Ein Schwebra.

Wie nennt man einen Hund, der zaubern kann?
Labracadabror.

Was sitzt auf einem Turm von Hogwarts und winkt?
Der Huhu.